そのまま使えるモデル英文契約書シリーズ

はじめに

　人口減少が続く中、これまで国内市場のみを対象としてきた日本の中堅・中小企業であっても、ビジネスの維持・発展のためには、海外の旺盛な需要を取り込む必要がある。しかし、同じ文化に属する国内取引先と違って、海外企業との取引では思わぬトラブルが発生することがある。これは、早くから国際取引に乗り出してきた日本の大企業が経験してきたことであり、不慣れだったでは済まないほどの大きな損失を被った例も少なくない。これに対して、中堅・中小企業が国際取引において損失を被った場合、それを吸収するだけの体力がないおそれもある。

　先人が経験した苦い経験を繰り返す必要はない。これから国際取引に乗り出そうとする企業は、過去の経験に学び、国際取引に伴うトラブルに備えた適切な予防措置をとるべきである。すなわち、外国企業から示された英文契約書案にそのままサインするのではなく、日本企業の立場から様々な事態を想定し、相手方に対して逆提案をし、きちんとした交渉を経た上で契約を締結すべきである。とはいえ、国際取引に不慣れな企業にとって、自ら詳細な英文契約書を作成することは困難であり、またその作成を渉外弁護士に依頼した場合には高額な費用が発生する。

　そこで、JCAA では、これまで日本企業が当事者となった仲裁事件を処理してきた経験に照らし、国際取引に不慣れな中堅・中小企業が契約書を作成する際に参考にして頂くべく、本シリーズを発刊することとした。本シリーズでは、各条項の解説の随所で、その条項の説明にとどまらず、その条項が扱っている事項はどのような意味があるのかを自覚的に考えることができるように工夫している。なお、異なるモデル契約書に登場する類似の条項例や解説は必ずしも同一ではないが、趣旨は同じである。

　また、国内の取引では紛争解決はいずれかの地方裁判所での裁判により最終的には解決される旨を定めるのが当然と考えてきたかもしれないが、国際取引をめぐる紛争については、外国での裁判を飲まざるを得ないとすれば、それは外国語で外国訴訟法に基づく手続の末に外国人の裁判官が外国語で判決を下すことを意味する。他方、日本での裁判は相手方の外国企業が拒否することになろう。そのため、国際取引紛争の解決のためには仲裁が用いられることが多い。すなわち、日本人と外国人から構成される仲裁廷により最終的な解決を図るのである。本シリーズでは、JCAA ならではのこととして、仲裁条項のドラフティングについて詳しく説明している。

　本シリーズのモデル英文契約書が実際の契約書作成にあたり参考となれば幸いである。最後に、本シリーズの刊行にあたり、丁寧な監修により最新のモデル契約書に刷新して頂いたアンダーソン・毛利・友常法律事務所の仲谷栄一郎弁護士及び中川裕茂弁護士に厚く御礼申し上げたい。

2020 年 4 月

日本商事仲裁協会（JCAA）仲裁・調停担当執行理事

道垣内　正人

目 次

III. 仲裁条項のドラフティング

CD-ROM：技術ライセンス契約書【中国語、英語、日本語】（MS-Word）

I. 技術ライセンス契約の概要

1. 技術ライセンス契約とは

技術ライセンス契約とは、技術の供与者（ライセンサー）と被供与者（ライセンシー）との間で、供与された技術を用いた製品の製造、販売、輸出等の目的で、ライセンシーがライセンサーから一定の範囲内、条件で技術を実施する許諾（ライセンス）を受けることを約する契約である。

2. 本条項例

本条項例は、我が国企業が中国企業に対し技術をライセンスする形態を前提としている。技術ライセンス契約においては、特許権等の有効期間のある権利以外にも、ノウハウ等の有効期間のない技術情報を提供し、長期にわたりライセンス料を収受することも多い。本条項例では、ノウハウのライセンスを想定している。

3. 技術ライセンス契約のポイント

中国企業への技術ライセンス契約において注意すべきポイントは次のようなものである。

（1） ライセンサーに課されるさまざまな義務

ライセンサーが外国法人である場合には、中国の強行法規により様々な義務の負担が求められることがある。たとえば、技術輸出入管理条例（以下「技術条例」という）では、ライセンサーが提供する技術に関し、「完全で、誤りがなく、有効で、約定した技術目標を達成することが可能であること」という重い保証責任が規定されている（第25条）。一方、従来ライセンサーに課されていた第三者の権利侵害の際のライセンサーの損害賠償責任（改正前第24条3項）、ライセンシーが改良した技術はライセンシー側に帰属させるべきこと（改正前第27条）については、2019年3月をもって削除された。もっとも、個別の条項の解説欄の記載のとおり、技術条例以外の法令（契約法や同法の司法解釈等）によってもライセンサーには依然として一定の義務が課される可能性があるため注意を要する。

（2） 許可・登記手続

技術条例では、中国へのライセンス、譲渡等の輸入禁止技術、輸入制限技術が規定され（第9条、10条）、両技術は輸入禁止輸入制限技術目録に記載されている。輸入禁止技術を中国に輸入することはできず、輸入制限技術の輸入については商務部門の許可が必要となる。輸入禁止輸入制限技術目録に記載されていない技術については許可なく輸入することが可能であるが、契約の登記管理制度が採用され、商務部門に契約を登記する必要がある（第17条、第18条）。

上記商務部門への登記以外に、ライセンス対象に出願登録を経た専利権（中国においては我が国の特許、実用新案、意匠を包含する概念である）が含まれる場合には専利局に契約を登記する必要がある（専利法実施細則第14条）。出願登録を経た商標権が含まれる場合には商標

局にライセンス契約の内容を登記する必要がある（商標法実施条例第 69 条。なお、専利権の
場合と異なり契約自体を登記する必要はない）。

II. 技术使用许可合同／Technical License Agreement ／技術ライセンス契約 の条項例（中国語・英語・日本語）・解説

■ 前言／Recitals ／前文

合同号码：20JPBJYXXXXXXXXXX

中华人民共和国○○有限公司（以下简称"甲方"）和日本国○○株式会社（以下简称"乙方"），本着平等互利的原则，经友好协商，就甲方有偿使用乙方的专有技术达成一致，并于＿＿＿＿年＿＿月＿＿日在中国＿＿＿＿＿＿省＿＿＿＿＿＿市签定本合同。

Contract No. 20JPBJYXXXXXXXXXX

This Agreement is made as of ＿＿＿＿＿＿＿ ＿＿＿ , ＿＿＿＿ at ＿＿＿＿＿＿＿ City, ＿＿＿＿＿＿ Province, China, between X Corporation (hereinafter called "X") in China and Y Co., Ltd. (hereinafter called "Y") in Japan. The parties hereto agree that Y grants X a license to use know-how held by Y in consideration of the payment of royalties set forth below through friendly negotiation in accordance with the principle of equality and mutual benefit.

契約番号　20JPBJYXXXXXXXXXX

中華人民共和国○○有限公司（以下「甲」という）および日本国○○株式会社（以下「乙」という）は、平等互恵の原則を以って友好協議を通じ、甲が有償で乙のノウハウを使用することにつき合意し、＿＿＿＿年＿＿月＿＿日中国＿＿＿＿＿省＿＿＿＿＿市にて本契約を締結する。

解説

技術譲渡契約の冒頭は、概ね契約名称、契約番号、前文、定義などにより構成される。

中国契約法第342条によれば、技術譲渡契約には、特許権の譲渡、特許申請権の譲渡、ノウハウの譲渡、特許の実施許諾契約の4種類が含まれる。中国の企業と技術譲渡契約を締結する場合、より正確に契約の実態、特徴および内容を反映する契約形態を選ぶこととなるが、本契約は、ノウハウのライセンスを想定して、技術ライセンス契約を契約の名称にした。

また、技術条例では、技術の輸入に対して、禁止類、制限類、自由類と分類管理しており、つまり、輸入禁止技術については輸入を禁止し、輸入制限技術については、許可証による管理を実施し、輸入自由技術については、登録制による管理を実施する。

自由輸出入技術の契約番号については、スタンダードコード管理を実施し、契約番号の桁数は17桁であり、前の9桁は以下のような固定番号となる。

①第１～２桁は契約作成の年度である（たとえば、2020 年に作成した契約の契約番号の第１
　～２桁は 2020 年の最後の２桁の 20 である。）。

②第３～４桁は輸出または輸入の国または地域を表す（国家標準の２桁コード、例えば、日
　本は JP、アメリカは US、中国は CN である。）。

③第５～６桁は輸出入企業の所在地区を示す（国家標準の２桁コード、たとえば、北京は BJ、
　上海は SH である。）。

④第７桁は輸出入契約の標識である（輸入Ｙ輸出Ｅ）。

⑤第８～９桁は輸出入技術の業種の分類を示す（国家標準の２桁コード）。

⑥その後の８桁は企業が自由に定義するものである。

　前文は、契約当事者、締結意思、締結日、契約地などを明記する重要な条項である。例えば、
契約地は、紛争時の適用法律に関わる可能性がある。中国の国際私法においては、契約に適用法
律を明確に定めなかった場合、義務履行につき当該契約の特徴をもっとも体現できる一方当事者
の経常的居所地の法律または契約にもっとも密接な関係がある国の法律（「渉外民事関係法律適
用法」第 41 条）が適用されるので、契約地が中国で、ライセンシーも中国の当事者であり、履
行地も中国であるような場合、中国法の適用が十分考えられる。

　また、本前文には記載しなかったが、前文には、契約の背景、経緯、目的などが記載されるこ
とも多い。

■　合同当事人 /Parties/ 契約当事者

第一条　合同当事人

　　甲方：○○有限公司
　　法定地址　：中国＿＿＿＿＿＿＿＿＿＿
　　法定代表人：姓名＿＿＿＿　　職務＿＿＿＿　　国籍＿＿＿＿

　　乙方：○○株式会社
　　法定地址　：日本国＿＿＿＿＿＿＿＿＿＿
　　法定代表人：姓名＿＿＿＿　　職務：＿＿＿＿　　国籍＿＿＿＿

Article 1　Parties

　　X:X Corporation
　　Registered Address　：＿＿＿＿＿＿＿＿, People's Republic of China
　　Legal Representative :Name ＿＿＿＿＿ Title ＿＿＿＿＿ Nationality ＿＿＿＿＿

Y:Y Co., Ltd.
    Registered Address : _____ , Japan
    Legal Representative:Name _____ Title _____ Nationality _____

第1条　契約当事者

甲：○○有限公司
    法定住所　：中国_____
    法定代表者：氏名_____　役職_____　国籍_____
乙：○○株式会社
    法定住所　：日本国_____
    法定代表者：氏名_____　役職_____　国籍_____

解説

第1条　契約当事者

　当事者の基本情報をより明確にするため、本契約では、前文での記載に留まらず、当事者の基本情報を第1条として規定している。

　当事者の名称を記載する場合、正式名称で記入し、住所は郵便番号から国、都市、番地、番号まで全て記入する。当事者の所在地などの基本情報を明確にすることは、トラブルが発生した場合の裁判管轄または適用法律にも関わる。

■　定義 /Definitions/ 定義

第二条　定　义

　除本合同另有规定外，本合同中使用的下列用语，分别定义如下。
　1．"专有技术"是指乙方所拥有的用于制造"合同产品"的附件1所记载的技术。
　2．"合同产品"是指甲方使用"专有技术"制造出的附件2所记载的产品。
　3．"技术资料"是指甲方使用"专有技术"制造"合同产品"时所需要的附件3所记载的资料。
　4．"中国"是指中华人民共和国，但不包括香港特别行政区，澳门特别行政区和台湾地区。
　5．"净销售价格"是指扣除各种税款,保管费,包装费,运费,保险费的"合同产品"的销售价格。
　6．"销售地区"是指乙方许可甲方销售"合同产品"的地域。包括下列国家和地区：

Article 2　Definitions

As used in this Agreement, the following terms have the respective meanings set forth below, unless otherwise provided elsewhere herein:

1. "Know-how" means technical information which is held by Y and used by X for manufacturing the Products, as described in Appendix 1 attached hereto.
2. "Products" means products which are manufactured by X with using Know-how, as described in Appendix 2 attached hereto.
3. "Technical Documents" means documents which X requires to manufacture the Products with using Know-how, as described in Appendix 3 attached hereto.
4. "China" means the People's Republic of China excluding Hong Kong Special Administrative Region, Macao Special Administrative Region and Taiwan Area.
5. "Net Sales Value" means sales price of the Products excluding taxes, storage, packing and transportation costs and insurance expenses.
6. "Territory" means a territory in which Y grants X a right to sell the Products and it includes the following countries and areas.

第2条　定　義

本契約において使用する下記の用語は、本契約に別段の規定のある場合を除き、それぞれ下記のように定義する。

1. 「ノウハウ」とは、「契約製品」の製造に用いる乙が所有する、付属文書1記載の技術をいう。
2. 「契約製品」とは、甲が「ノウハウ」を使用して製造する、付属文書2記載の製品をいう。
3. 「技術資料」とは、甲が「ノウハウ」を使用して「契約製品」を製造するために必要とする、付属文書3記載の資料をいう。
4. 「中国」とは、香港特別行政区、マカオ特別行政区および台湾地区を除く中華人民共和国をいう。
5. 「純販売価格」とは、諸税費、保管費、梱包費、運送費、保険料を除く「契約製品」の販売価格をいう。
6. 「販売地域」とは、乙が、甲に対し、「契約製品」の販売を許可する地域をいい、下記の国家および地域を含む。

解説

第2条　定　義

国際技術貿易の場合、各国の技術貿易用語は必ずしも統一されているとは限らず、同じ用語で

も異なる意味で用いられる場合がある。また、各国の技術ライセンスに関する立法も異なっており、同じ用語に対する理解および解釈は必ずしも同一ではない。さらに、文化や言語の違いにより本来の意味を離れて解釈される可能性がある。重要用語を定義する理由は、契約に対する当事者の解釈を統一させ、紛争を防ぐためである。

　また、契約において、どの用語をどのように定義するかは、当事者間の合意に委ねられるが、一旦定義されると、その定義は解釈に優先して採用されるので、より正確に定義することが求められる。

■　使用許可 /Grant of License/ 使用許諾

第三条　使用許可

1．乙方许可甲方在本合同期限内，非独占且非排他地使用"专有技术"在"中国"制造"合同产品"，并在"销售地区"销售"合同产品"的权利。

2．甲方不得在"中国"境外使用"专有技术"制造"合同产品"。

3．甲方不得直接或通过第三方在"销售地区"之外销售"合同产品"。

4．甲方不得许可任何第三方使用"专有技术"。

Article 3　Grant of License

1. Y shall grant X a non-exclusive license to use Know-how, manufacture the Products in China and sell the Products in the Territory during the term of this Agreement.

2. X shall not use Know-how to manufacture the Products outside China.

3. X shall not sell the Products directly or through any third party outside the Territory.

4. X shall not grant any sublicense to use Know-how to any third party.

第3条　使用許諾

1．乙は、甲に対し、本契約期間中、非独占的、かつ非排他的に「ノウハウ」を使用し、「中国」において「契約製品」を製造し、かつ、「販売地域」において「契約製品」を販売する権利を許諾する。

2．甲は、「中国」国外において、「ノウハウ」を使用して「契約製品」を製造してはならない。

3．甲は、直接に、または第三者を通じて「販売地域」以外において、「契約製品」を販売してはならない。

４．甲は、いかなる第三者に対しても、「ノウハウ」の使用を許諾してはならない。

解説

第3条　使用許諾

　中国契約法は、技術ライセンス契約において付与される実施権の種類を定めていないが、2005年1月1日から施行の最高人民法院の司法解釈である「技術契約紛争案件の審理の適用法律に関する若干問題の解釈」（以下「司法解釈」という）は、次のように定めた。すなわち、司法解釈第25条によれば、特許の実施権には、以下の独占的実施許諾、排他的実施許諾、普通実施許諾（非独占的実施許諾）の3種類が含まれる。また、技術秘密（ノウハウ）の場合は、これらの特許の実施許諾を参照することとなっている。

①「独占的実施許諾」とは、ライセンサーが特許の実施許諾を約定した範囲内で、当該特許を1人のライセンシーに対してのみ実施許諾し、ライセンサーはテリトリー内で当該特許を実施することができない場合をいう。

②「排他的実施許諾」とは、ライセンサーが特許の実施許諾を約定した範囲内で、当該特許を1人のライセンシーに対して実施許諾し、ライセンサーはテリトリー内で当該特許を実施することができる場合をいう。

③「普通実施許諾」とは、ライセンサーが特許の実施許諾を約定した範囲内で、第三者に実施許諾することができ、かつライセンサー自身もテリトリー内で当該特許を実施することができる場合をいう。

　3種の実施許諾方法はそれぞれメリット、デメリットがあり、ライセンサーはライセンシーの実施能力を判断した上で、明確にする必要がある。その他、使用地域および販売地域を定める必要がある。

　一般的に、ライセンサーは独占的実施許諾をしたがらない傾向にあり、特に販売権の場合、直接に販売できないマーケットを除き、自分の販売地域における販売権を確保する要請は強いであろう。なお、通常、販売権の許可地域は製造権および使用権の許可地域より広範である。

■　**技術使用費和支付 /Fees and Payment/ ロイヤリティおよび支払い**

第四条　技术使用费和支付

　甲方向乙方支付的技术使用费用包括如下的入门费和提成费两部分：

１．入门费为＿＿＿＿。
　　甲方应在本合同生效之日起＿＿＿日内，一次性向乙方指定银行账户支付上述入门费。

２．提成费以甲方"合同产品"的净销售价格的＿＿＿%计算。

(1)上述费用以每年的6月30日，12月31日为截止日分两次计算。自每个截止日起＿＿＿日内，甲方应向乙方提出记载有支付金额以及计算根据的报告。

（2）如无异议，乙方应在收到上述报告后____日内向甲方发出付款通知。甲方应在收到上述付款通知后____日内向乙方指定的银行账户支付提成费。

3．上述对价以美元支付。汇率适用支付当日的中国人民银行公布的人民币和美元的交易中间价。甲方负担汇款所需全部费用。

Article 4　Fees and Payment

X shall pay to Y royalties including the following initial royalty and running royalties.

1. The initial royalty shall be _____ RMB.

   X shall remit the initial royalty above in lump sum to the bank account designated by Y within ____(____) days from the effective date of this Agreement.

2. The running royalties shall be calculated at the rate of ____ percent (____%) of Net Sales Value of the Products.

(1)The running royalties shall be calculated twice a year, on July 30 and December 31. X shall send a semi-annual statement of payments and calculation thereof to Y within ____(____) days from the end of the each term.

(2)If there is no objection in the statement, Y shall send a bill to X within ____(____) days from receipt of the statement in the preceding item. X shall remit the running royalties to the bank account designated by Y within ____(____) days from receipt of the bill.

3. X shall pay Y the royalties above in US Dollars. The royalties shall be calculated at the RMB per US Dollar midpoint rate quoted by the People's Bank of China quotes on the day of payment.

   Any charges for remittance shall be borne by X.

第4条　ロイヤリティおよび支払い

甲が乙に支払う技術ライセンスのロイヤリティは、以下のイニシャルフィーおよびランニングロイヤリティを含む。

1．イニシャルフィーは、_____とする。

甲は、本契約の発効日から____日以内に、乙が指定した銀行口座に上述のイニシャルフィーを一括で支払うものとする。

2．ランニングロイヤリティは、甲の「契約製品」の「純販売価格」の__%で計算する。

(1) 上記費用は、年2回、毎年の6月30日、12月31日までの期間において算定される
　　ものとする。各期末から＿＿日以内に、甲は乙に対し支払金額および算定根拠を記載す
　　る報告書を提出しなければならない。

(2) 乙は、異議がない場合、前項の報告書を受領してから＿＿日以内に、甲に対し、請求
　　書を送付するものとする。甲は、前述の請求書を受領してから＿＿日以内に乙の指定
　　する銀行口座にランニングロイヤリティを支払うものとする。

3．上記の対価はアメリカドルで支払うものとする。為替レートは、支払日の中国人民銀
　　行の公布した人民元とアメリカ合衆国ドルとの取引中間レートを適用する。送金にか
　　かる全ての費用については、甲が負担する。

解説

第4条　ロイヤリティおよび支払い

　ロイヤリティおよびその支払いはライセンス契約の中心的内容であり、算出の方法および根拠、
契約金額、使用貨幣、支払方法、支払い回数、時間などをより具体的に定めることが望ましい。

　1、ロイヤリティの算出方法

　　① ランプサム方式

　　　技術供与に伴う全ての費用、例えば、ノウハウの開示のために必要な図面、資料の供与費
　　用、研修費用、技術者の派遣費用、ライセンサーの販売期待利益の喪失分、ライセンサーの
　　技術開発に投入された資金の一部回収分などを契約時に一括して受け取る方法である。

　　② ランニング・ロイヤリティ方式

　　　契約には、具体的な金額を定めず、その代わりに製品の製造、販売高に基づく計算方法を
　　定めて、定期的に一定の比率でロイヤリティを支払う方法である。ロイヤリティの算出基準
　　は、一単位当たりの固定金額を定める従量制と販売高に対して一定料率を定める料率制があ
　　り、料率制の場合、純販売価格、工場出荷価格、公正市場価格、利潤などの算出基準があり、
　　純販売価格は算出基準としてもっともよく使われている。

　　③ イニシャルフィー＋ランニング・ロイヤリティ方式

　　　契約時に、一定の費用を支払って、残った分は定期的に一定の比率で支払う方法である。

　　　ランプサム方式の場合は、ライセンサーにとっては、対価の回収が早い、製品の生産およ
　　び販売に影響されないのでリスクが少ない、帳簿の検査や計算などに手間が掛らないという
　　利点がある。ライセンシーにとって、この方式は資金負担が大きく、市場および為替の変動、
　　技術および生産のリスクを全て負担しなければならない。また、ライセンシーの生産および
　　販売の増加がライセンサーの利益につながらないので、一般的にライセンサーは最新の技術
　　を提供したがらない傾向がある。

　　　ランニング・ロイヤリティ方式の場合、ライセンサーにとっては、対価の回収が遅い、生
　　産・販売のリスクを負担する等の不利な面がある。

　　　イニシャルフィー＋ランニング・ロイヤリティ方式は、ライセンサーにとっては、一部の

使用費用が先に回収でき、ライセンシーにとっては、一括払いのような資金負担がないので、双方にとって比較的バランスが取れており、よく使われている。

2、ロイヤリティの支払い

　通常、支払いに使用する貨幣は、価格を算出する貨幣と同じである。両者が異なる場合、契約において、外国為替レートまたは外貨換算の根拠を定める必要がある。

　2013年に施行され、2015年に改正された「サービス貿易外貨管理手引実施細則」は、中国から1回で5万アメリカドル以上のロイヤリティを送金する場合は、ライセンシーは、ライセンス契約書、インボイスまたは請求書、商務部門が発行する「技術輸入許可証」（許認可が必要な技術の場合）、税務証憑を提出しなければならないと定め（第6条（7）号、第7条）、従前必要とされていた商務部門発行の「技術輸入契約登記証」が規定されていないため、当該細則からは、自由輸入類の技術に関するロイヤリティを送金する場合、商務部門への契約登記は不要とも解される。一方で、2019年改正後の技術条例第20条は、従来通り、自由輸入類の技術に関しても、外貨、銀行などの手続を行う際、「技術輸入契約登記証」が必要と定めている。したがって、運用上、中国からロイヤリティを送金する場合、依然として、「技術輸入契約登記証」の提出が要求される地方が多い。このような事情に配慮し、本契約第25条は、ライセンシーに対して、商務部門に技術ライセンス契約を登記して「技術輸入契約登記証」を取得する義務を課している。

3、ロイヤリティの比率

　ロイヤリティの比率については、かつては純販売価格の5％、かつ契約製品の純利益の20%を超えてはいけないという中国政府の指導があったが、1993年に当該指導を定めた規則が廃止された。ただし、いまだに中国側は、これが公平かつ合理的な基準であると主張したり、この比率を超えた場合、許認可の取得や登記ができなくなったり、ロイヤリティを対外送金する際に、その比率が高すぎ、契約の公平合理原則に反するとの理由で、外貨管理局や送金する銀行が送金を拒否するのではないかと疑われたりしているため、上記の指導原則は廃止後20数年経った今も、依然として影響を残している。

■　**会計検査 /Auditing and Inspection/ 会計検査**

第五条　会计检查

1．甲方应在合同期内将有关向乙方支付费用的账册保管在指定业务部门。该账册应正确完整地记录向乙方支付费用的有关账目。

2．如乙方对第四条2.（1）中记载的报告有异议或认为有必要的，可随时向甲方要求提出第一款所述的账册或进入甲方工厂及相关设施进行检查，甲方对此应予以同意。

3．技术使用费金额有误的，甲方应迅速向乙方支付修正后的差额，并负担乙方因检查所支出的费用。

Article 5　Auditing and Inspection

1. X shall preserve its books of account reflecting payments made to Y during the term of this Agreement in a designated department. The books of account reflecting payments made to Y shall be recorded accurately and completely.

2. If Y has an objection to the statement in Article 4, paragraph 2, item (1), or if deemed necessary, Y may at any time request X to submit the books in Article 5, paragraph 1 or to inspect X's plant and facilities and X shall accept such request.

3. If there is any mistake in the amount of royalty, X shall forthwith pay the retrieved difference and bear expenses of inspection of Y.

第5条　会計検査

1．甲は、契約期間中、乙への支払いに関わる帳簿を指定業務部門に保管しなければならない。当該帳簿は、正確に、かつ完全に乙への支払いに関わる記帳を記録するものとする。

2．乙は、第4条2の（1）に記載した報告書に異議があった場合、または必要と認める場合、いつでも、甲に対して第1項の帳簿の提出または甲の工場および関係施設への立入り検査を要請することができ、甲はこれに応じるものとする。

3．ロイヤリティの金額に誤りがあった場合、甲は、乙に対し、速やかに訂正された差額を支払うものとし、かつ、乙の検査のために掛かった費用を負担するものとする。

解説

第5条　会計検査

　ライセンシーは、ロイヤリティを算出する売上げなどを過小評価する場合があるので、ライセンサーは関連する帳簿をチェックする必要があり、立入り検査を含む検査の権利を確保することが望ましい。また、事前に、記帳の方法を具体化し、遅延利息の徴収などを定めておくと、トラブルを回避することにつながる。

第六条　技术资料的交付

1．乙方应按本合同附件３规定的交付内容和时间，在＿＿＿＿＿＿＿＿（场所）交付"技术资料"。
2．甲方应在收到乙方交付的"技术资料"后＿＿＿日内进行确认。"技术资料"与清单不符时，乙方有义务补足该"技术资料"。乙方补足该"技术资料"的必要费用由甲方承担。
3．全部"技术资料"交付之前所发生的所有费用由乙方承担，交付之后的所有费用由甲方承担。

Article 6　Render of Technical Documents

1. Y shall deliver the Technical Documents to X at ＿＿(name of place)＿＿ in accordance with the contents and the date of delivery thereof as set forth in Appendix 3 attached hereto.
2. X shall confirm the Technical Documents delivered by Y within ＿＿（＿＿）days from receipt. If all or part of the Technical Documents is missing or inconsistent with the list, Y shall be obliged to supplement the Technical Documents. The expenses necessary for supplementing the Technical Documents shall be borne by X.
3. Any expenses incurred before delivery of all of the Technical Documents shall be borne by Y and any expenses incurred on and after delivery thereof shall be borne by X.

第6条　技術資料の交付

1．乙は、本契約の付属文書３に定めた交付内容および時期に従い、＿＿＿＿＿＿＿（場所）において「技術資料」を交付するものとする。
2．甲は、乙の交付した「技術資料」を、受け取ってから＿＿日以内に確認しなければならない。乙は、提供した「技術資料」がリストに一致しない場合は、当該「技術資料」を補足する義務を負う。乙による当該「技術資料」の補足に必要な費用は、甲の負担とする。
3．乙は、全ての「技術資料」が交付されるまでの全ての費用を負担し、甲は、全ての「技術資料」が交付された以後の費用を負担する。

解説

第6条　技術資料の交付

　技術資料の交付は、郵送またはライセンサーから派遣される技術指導者が持参する方法がよく使われる。

ライセンシーは約定した期間内に、リストに照らして、技術資料を確認する義務がある。所定期間を超えて、ライセンサーに確認の連絡をしなければ、技術資料はリストどおりに交付されたと見なされるが、補完する必要がある場合、ライセンシーが費用を持ってライセンサーに求めることができる。

■ 技术指导 /Technical Guidance/ 技術指導

第七条　技术指导

根据实际情况，甲方可以请求乙方派遣技术人员进驻甲方进行技术指导。乙方因派遣技术人员所产生的包括派遣人员报酬的全部费用由甲方全额负担。技术指导的具体工作内容，期限等由甲乙双方另行商定。

Article 7　Technical Guidance

In order to receive technical guidance, X may from time to time request Y to dispatch Y's engineers to X. X shall bear all costs and expenses arising out of the technical guidance including remuneration to Y's personnel. The details and the period of the technical guidance shall be determined by the parties through separate consultation.

第7条　技術指導

甲は、実際の状況によって、乙に対し、乙の技術者を派遣し、甲で技術指導を行うことを要請できる。技術者の派遣に発生する乙の従業員の報酬を含む全ての費用については、甲はそれを全額負担する。技術指導の具体的な業務内容、期限等については、甲乙双方が別途協議のうえ決定する。

解説

第7条　技術指導

ライセンシーが独自で技術資料に従って生産を行うことは容易でなく、また、技術資料では伝えきれない情報もあるので、技術指導が技術ライセンスに伴って実施されることが多い。

技術指導を定める内容は細かいので、多くの場合は、契約本体に記入するのではなく、付属文書の形で作成される。

費用については、無償、一定期間および業務範囲内で無償、最初から有償という方法がある。本契約は、技術指導を必要最小限に留めるために、最初から有償という方法を採用した。

第八条　技术改良

1. 在本合同有效期限内，一方当事人（以下称改良人）对"专有技术"进行的任何改良（以下称改良技术），应在＿＿日内向另一方当事人（以下称非改良人）报告。
2. 非改良人申请导入改良技术时，经双方另行协商，就其使用条件达成一致后，改良人应同意导入。
3. 改良技术的所有权归改良人。但改良技术中所包含的的当事方所提供的其他技术信息，归提供方所有。

Article 8　Improvement

1. If either of the parties (hereinafter called "Improver") has made any technical improvement in connection with Know-how during the effective period of this Agreement (hereinafter called "Improvement"), Improver shall notify the other party (hereinafter called "Non-Improver") thereof within ＿＿（＿＿） days from such Improvement.
2. If Non-Improver proposes to introduce such Improvement, Improver shall grant Non-Improver a right to introduce such Improvement after separate consultation and mutual agreement on the conditions between the parties.
3. Ownership to Improvement shall belong to Improver. The original technical information included in Improvement and rendered by either party shall belong to such party.

第8条　技術改良

1. 本契約の有効期間中、一方の当事者（以下、改良者という）は、「ノウハウ」に対する技術改良（以下、改良技術という）を行った場合、＿＿日以内に、他方の当事者（以下、非改良者という）に報告するものとする。
2. 非改良者が改良技術の導入を申し立てた場合、双方は別途協議し、その使用条件などについて合意した上、改良者は改良技術の導入を許諾する。
3. 改良技術の所有権は改良者に属する。改良技術に含まれる当事者が提供した他の技術情報は、それを提供した当事者に属する。

解説

第8条　技術改良

2019年改正前の技術条例（第29条3項）は、技術輸入契約においては、ライセンサーより提供された技術をライセンシーが改良することを制限したり、ライセンシーのその改良技術の使用を制限したりする条項を含めてはならない旨を定めていた。当該規定は強行規定と解され、準拠法を中国法以外にした場合においても、上記のような改良制限を課す規定は無効となる可能性が高いとされていたが、2019年の改正により当該条項（第29条3項）は削除されている。

　もっとも、中国では、不法に技術を独占し、技術の進歩を妨害し、または他人の技術成果を妨害する技術契約は無効とされる（契約法第329条）。同条の「不法に技術を独占し、技術の進歩を妨害」に該当する例は、司法解釈第10条に規定されているが、同条に基づき、以下のような技術改良を制限する行為は、無効となる可能性が高い。

　当事者の一方が契約技術を基礎にして新しい研究開発を行うことを制限し、またはその改良した技術の使用を制限し、もしくは双方の改良技術の交換条件が平等でないこと。これは、当事者の一方にその独自で改良した技術を無償で相手側に提供し、互恵原則によらず相手側に譲渡し、当該改良技術の知的財産権を無償で独占または共有させる要求を含む（司法解釈第10条1項）。したがって、ライセンシーによる改良を制限し、または改良技術の使用を制限することは無効と判断されるおそれがあり、また、ライセンシーの改良技術について、無償でライセンサーに譲渡する義務（アサインバック）または無償でライセンサーに独占的実施権を許諾する義務（グラントバック）を課す規定は、無効と判断される可能性が高い。

■　**性能測試和验收 /Performance Test and Acceptance of Products/ 性能テストおよび査収**

第九条　性能测试和验收

1．根据本合同附件4的规定，甲乙双方一致同意进行"合同产品"的性能测试。

2．经过性能测试，达到附件4规定的技术标准的"合同产品"为验收合格品。此时，双方代表编制一式两份的验收合格证明，签字后各持一份。根据该验收合格证明的开具，认定乙方所提供"专有技术"达到了规定的技术指标。

3．经过性能测试，"合同产品"没有达到附件4所规定的技术标准时，双方应共同研究探明问题和责任。有责任的当事人应自行解决问题，并承担费用进行第二次测试。

4．第二次性能测试合格的，双方按上述第2款规定进行验收。

5．第二次性能测试不合格的，任何一方当事人都有权利解除合同。但是，解除合同时，无责任一方当事人有权向有责任一方当事人请求支付所发生的费用和损害赔偿。

Article 9　Performance Test and Acceptance of Products

1. The parties agree to conduct a performance test of the Products in accordance with Appendix 4 attached hereto.

2. The Products which achieved the technical standards of the performance test in Appendix 4 shall be the accepted products. In this case, the representatives of the parties shall sign to the certificate of acceptance in duplicate and keep one copy. The certificate of acceptance shall qualify Know-how rendered by Y to achieve the technical standards.

3. If the Products do not achieve the technical standards of the performance test in Appendix 4, the parties shall collaborate to investigate problems and causes thereof. The party responsible for not achieving the technical standards shall solve such problems and conduct the second performance test at its own expense.

4. If the second performance test is accepted, the parties shall comply with Article 9, paragraph 2.

5. If the second performance test is not accepted, either of the parties is entitled to terminate this Agreement. In such case, if this Agreement is terminated, the party not responsible for not achieving the technical standards is entitled to demand the party responsible therefore to pay the expenses incurred and to compensate for damages.

第9条　性能テストおよび査収

1．甲乙双方は、本契約付属文書４の規定に従い、「契約製品」の性能テストを行うことに合意する。

2．「契約製品」は、性能テストの結果、付属文書４の技術基準に達したものを査収合格とする。この場合、双方の代表者は査収合格証明書を一式２通作成しサインした上、それぞれ１通を所持する。当該査収合格証明書の発行により、乙が提供した「ノウハウ」は、所定の技術目標を達成したと認定される。

3．性能テストの結果、「契約製品」が付属文書４の技術基準に達していない場合、双方は、共同研究し、問題と責任を究明する。責任が帰する当事者は、自ら問題を解決し、費用をもって２回目のテストを行う。

4．２回目の性能テストに合格した場合、双方は上記２に従うものとする。

5．２回目の性能テストに合格できなかった場合、いずれの当事者も契約を解除する権利を有する。ただし、契約が解除された場合、責任が帰さない当事者は、責任が帰する当事者に対して発生した費用の支払および損害賠償を求める権利を有する。

解説

第9条　性能テストおよび査収

性能テストおよび査収は、契約の予定する目的を達成したか否かに関わる重要な条項である。双方の責任を明確にするため、契約製品の品番、仕様、査収の基準、方法、回数、時間、場所、査収人員の構成、所要設備、費用負担などを明記する必要があるが、規定内容自体について中国法上定められている訳では無いので、交渉により自己に有利な内容に変更することも考えられる。

■ 保证与侵权 /Warranty and Infringement/ 保証および権利侵害

第十条 保证与侵权

1．乙方保证其为"专有技术"的所有权人，并保证其有权向甲方许可其使用。

2．如果发现第三人侵害或可能侵害乙方的"专有技术"时，甲方应立即通知乙方。乙方将对此采取防卫和解决措施。甲方对此应给与充分协助。

3．如果甲方在利用乙方的"专有技术"生产"合同产品"时，被第三方主张该"专有技术"侵犯了其知识产权或其他合法权利的，甲方应自担费用与责任，采取防卫和解决措施。乙方有权基于其自己的判断对此给与协助。

4．乙方向甲方作出的保证仅限于本条第1款的规定，无论甲乙双方是否认识到或有无认识的可能性，乙方均不做任何其他保证。另外，在与"专有技术"有关的第三方提起的索赔中，对甲方受到的其他的价格上和费用上的损失，乙方不承担责任。

Article 10   Warranty and Infringement

1. Y warrants that Y has the ownership of Know-how and is entitled to grant X the right to use Know-how.

2. If X finds that Y's Know-how has been infringed or is likely to be infringed by any third party, X shall notify Y immediately. Y shall take necessary measures and precautions against such infringement and X shall fully cooperate with Y.

3. X shall take necessary measures and precautions on its own expenses and responsibility against any action which may be brought against X for an infringement of any intellectual property or legitimate rights of a third party relating to the use by Y of Know-how to manufacture Products and Y may, at its sole discretion, cooperate with X.

4. The warrant by Y to X is limited solely to the first Paragraph under this Article 10 hereof. Y shall not be held liable for any other warrant, regardless of actual or potential knowledge of X and Y. Y is not liable for X's loss or damage arising out of any complaint from any third party relating to Know-how.

第10条　保証および権利侵害

1. 乙は、「ノウハウ」の所有権者であること、および甲にその使用を許諾する権利を有することを保証する。
2. 甲は、第三者による乙の「ノウハウ」の侵害または侵害の可能性を発見した場合、直ちに乙に通知するものとする。乙は、それに対し、防衛や解決措置を取るものとし、甲は、これに充分に協力するものとする。
3. 甲は、乙の「ノウハウ」を利用して「契約製品」を製造する際に、当該「ノウハウ」が第三者の知的所有権その他適法な権利を侵害するものとして訴えられた場合、甲が自らの費用および責任において防衛や解決措置を取るものとし、乙は、自らの判断において、これに協力することができる。
4. 乙が甲に対して行う保証は、本条第1項に規定するものに限定され、その他、甲及び乙の認識及び認識可能性の有無を問わず、いかなる保証も行わない。また、乙は、「ノウハウ」に関する第三者のクレーム中で、甲が被る他の価格や費用の損失に責任を負わないものとする。

解説

第10条　保証および権利侵害

　中国法では、ライセンサーは、厳しい保証責任を負う。

　ライセンサーは、提供した技術の合法的所有者であり、提供した技術が完璧で、瑕疵がなく、有効かつ約定した目標を達成できると保証しなければならない（契約法第349条ならびに技術条例第24条1項および第25条）。また、2019年改正前の技術条例には、提供技術を使用した結果、第三者の権利を侵害した場合にはその責任はライセンサーが負うものとする規定があった（第24条3項）が、2019年の改正により当該規定は削除されている。その結果、提供した技術が第三者の権利を侵害した場合の責任については、契約法第353条が適用され、原則としてライセンサーが責任を負うものの、当事者間の約定によりライセンサーの責任を排除することが可能となった。上記を踏まえ、本条では、ライセンサーの保証責任が限定的であることをより明確に限定している。

　ライセンシーの従業員の質、操業環境、原材料の品質の違いにより、ライセンサーと同じノウハウを使用すれば、同じ製品を製造できるとは限らない。ライセンサーは、上記の中国の法律に従って、保証責任を負うと同時に、ライセンシーの従業員の質、操業環境、原材料の品質などについて一定の条件を設定することが、保証責任を緩和する重要な対応策となる。

■ 保密 /Confidentiality/ 秘密保持

第十一条 保 密

1. 甲乙双方都应对因履行本合同所获知的对方技术上，经营上的所有信息（包括"专有技术"）严守秘密，不得向第三人提供，披露，泄漏，也不得将该信息用于合同以外的目的。
   但是，以下信息不在此限。
   (1) 在接受披露，获知时，已为众所周知的信息；
   (2) 在接受披露，获知时，非因接受者之过错而成为众所周知的信息；
   (3) 在接受披露，获知时，接受者已掌握的信息；
   (4) 从有正当权利的第三方获得的不负保密义务的信息。
2. 甲方应与接触"专有技术"的员工签订保密合同，使其对"专有技术"承担保密义务。
3. 本条所规定的保密义务期间为，自本合同签订日起＿＿年。违反保密规定给一方当事人造成损害的，违反方当事人应支付其全部损害赔偿金额。

Article 11   Confidentiality

1. Either party hereto shall keep in strict confidence all of the technical and managerial information of the other party (including Know-how), and shall not provide, disclose or divulge any of them to any third party and shall not use any of them for any purpose other than the purpose hereunder except the following information:
   (1) which is in the public domain at the time of disclosure;
   (2) which at the time of disclosure, becomes part of public domain, through no fault of the receiving party;
   (3) which at the time of disclosure is already in possession of the receiving party; or
   (4) which the receiving party receives from a third party having the legal right to disclose and is not obligated not to disclose.
2. X shall impose the confidential duty to its employee who accesses the Know-how by executing the confidentiality agreement with its employee.
3. The obligation under this article shall remain in effect for a period of ＿＿(＿＿) years after the date of execution hereof. In the event that either party's breach of the provisions of confidentiality causes any damage to the other party, the breaching party shall pay the other party all such damages.

第11条　秘密保持

1. 甲乙双方は、本契約の履行において知り得た相手の技術上、経営上の全ての情報（「ノウハウ」を含む）を厳重に秘密保持し、第三者に提供、開示または漏洩してはならず、当該情報を本契約以外の目的に使用してはならない。

   但し、以下の情報はこの限りでない。

   （1）開示を受け、知り得た時点で、既に公知である情報；

   （2）開示を受け、知り得た時点で、受取者の過失によらず公知となった情報；

   （3）開示を受け、知り得た時点で、受取者は既に保有していた情報；

   （4）正当な権限を有する第三者から取得した秘密保持義務を負わない情報；

2. 甲は、「ノウハウ」に接触する従業員と秘密保持契約を締結し、「ノウハウ」に対する秘密保持義務を負わせるものとする。

3. 本条に定める秘密保持義務期間は、本契約を締結してから＿＿年間とする。秘密保持規定の違反により、一方の当事者が損害を被った場合には、違反した相手方はその全ての損害賠償額を支払うものとする。

解説

第11条　秘密保持

　ノウハウは、特許と違い、一旦公表されたら、法的保護を受けなくなる恐れがあるので、ノウハウを秘密としていかに保持するかは、とても重要なことである。

　ノウハウの特徴に応じて、契約交渉する前にまず相手と秘密保持契約を結ぶことで、仮に取引が成立しなかったとしても、相手に秘密保持義務を負わせる。

　ライセンシーに供与した後、ノウハウの秘密保持はライセンシーが担うことになるので、ライセンシーの守秘義務およびライセンシーがノウハウを取り扱う従業員と秘密保持契約を結ばせることがノウハウ供与の必要条件となる。

　中国契約法第350条は、秘密保持について、「技術譲渡契約のライセンシーは、約定の範囲および期限に従い、ライセンサーが提供した技術の未公開の秘密部分について秘密保持義務を負うものとする」と基本原則を定めた。また、「管理条例」第26条では、技術輸入契約の秘密保持について、同様の内容を設けている。これによって、秘密保持期間は当事者間の合意により自由に決められる。

■ 税款 /Taxes/ 税金

第十二条 税 款

1. 凡因履行本合同而发生在中国境外的一切税款，均由乙方负担。
2. 中国政府根据现行税法规定向甲方征收有关履行本合同的各项税款，由甲方负担。
3. 中国政府根据现行税法规定向乙方征收有关履行本合同的各项税款，甲方从本合同第四条规定的支付金额中予以扣除，并代替乙方向税务局缴纳。甲方应向乙方提供税务局出具的纳税证明。

Article 12　Taxes

1. All taxes to be paid outside China for the performance of this Agreement shall be borne by Y.
2. X shall pay taxes imposed on X by the Chinese governmental authorities in connection with the performance of this Agreement pursuant to the existing tax law.
3. X shall pay taxes imposed on Y by Chinese governmental authorities pursuant to the existing tax law in respect of the performance of this Agreement on behalf of Y, in which case Y shall deduct the same from the amount set forth in Article 4 hereof. X shall submit to Y a certificate of tax payment issued by the tax office.

第12条 税 金

1. 本契約の履行により発生した中国国外の全ての税金は、乙が負担する。
2. 中国政府が、現行税法に基づき甲に対し本契約の履行に関する各種税金を徴収する場合、甲が負担する。
3. 中国政府が、現行税法に基づき乙に対し本契約の履行に関する各種税金を徴収する場合、甲は、本契約第4条に定めた支払金額から控除し、税務局にその代理納付を行う。甲は、税務局が発行する納税証明書を乙に対し提供するものとする。

解説

第12条 税 金

　中国では、外国ライセンサーが中国で取得したロイヤリティに対して、10％の企業所得税が源泉徴収される。納税証明書は、ロイヤリティの海外送金のときの必要書類であり、ライセンシーは代行納付を履行しなければならないと義務付けられている。

　また、中国では、外国ライセンサーが中国で取得するロイヤリティに対して、増値税および都市建設税・教育費附加・地方教育費附加（合わせて税率は6％強となる）も徴収している。これ

もライセンシーが代理納付する必要がある。

　なお、ロイヤリティに課される税金の最終的な負担に関しては当事者間で自由に取り決めることができるため、本条項と異なる約定も可能である。

■　転让 /Assignment/ 譲渡

第十三条　转　让

　甲乙双方在没有取得对方当事人事先书面同意的情况下，不得将本合同所规定的权利或义务向第三方转让，或提供担保。

Article 13　Assignment

　Neither party may assign to any third party or pledge as security any of its rights or obligations hereunder in whole or in part without prior written consent of the other party.

第13条　譲　渡

　本契約に基づく双方の当事者の権利および義務は、他方の当事者の書面による事前の同意なしに第三者に譲渡し、または担保に供してはならない。

解説

第13条　譲　渡

　ライセンシーが契約上の権利義務をライセンサーの競業者に譲渡することを防ぐことが、本条の目的である。中国契約法第88条は、当事者の一方は、相手方の同意を得ることにより、自己の契約上の権利および義務を一括して第三者に譲渡することができる旨を定めている。

■　生效和期限 /Effect and Term/ 発効および期間

第十四条　生效和期限

　本合同自签订之日起生效，有效期为＿＿年。但，经甲乙双方协商一致后可以提前终止或延长。

Article 14　Effect and Term

This Agreement shall come into effect on the date of execution hereof and shall continue for ＿＿（＿＿） years; Provided, however, that the parties hereto may terminate this Agreement or extend the effective period hereof through negotiation between the parties during the term hereof.

第 14 条　発効および期間

本契約は、本契約の締結日より効力を生じ、＿＿＿年間有効とする。ただし、甲乙双方は協議の上、本契約の期間を中途終了または延長することができる。

解説

第 14 条　発効および期間

　前述のとおり、中国では、輸出入技術を禁止、制限、自由の３つに分類しているが、自由類技術契約の場合、認可の必要がなく、当事者の契約締結より発効する。また、技術輸入契約の期間については、当事者間の合意により決められる。

■　合同的提前终止 /Termination/ 契約の中途終了

第十五条　合同的提前终止

本合同在发生下列情况时，有解约权的当事人可以在本合同期满之前终止本合同。

1．一方当事人违反了本合同，虽经没有违反本合同的另一方当事人催告，在收到该催告后＿＿＿日内仍然没有改正的；

2．一方当事人解散，宣告破产或无法清偿到期债务的；

3．和乙方存在竞争关系的第三方与甲方存在出资关系的；

4．发生本合同第九条第五款规定的情况的。

Article 15　Termination

In the event that any of the following events occurs to either of the parties, the other party is entitled to terminate this Agreement prior to the expiration of the term;

1. if either of the parties has breached any provisions hereof and has not cured such breach within ＿＿＿（＿＿） days after notice thereof by the other party,

2. if either of the parties has fallen into dissolution, bankruptcy or insolvency,

3. if any third party competing against Y has a contributory relationship with X, or

4. if there occurs an event in Article 9.5.

第 15 条　契約の中途終了

次に掲げる事由が生じた場合には、解約権を有する当事者は本契約の期限満了前に本契約を終了することができる。

1．一方の当事者が本契約に違反し、違反していない他方の当事者に催告されたにもかかわらず、その催告を受領した日から＿＿日以内に是正しない場合。

2．一方の当事者が解散または破産した場合、もしくは満期の到来した債務の支払いができなくなった場合。

3．乙と競争関係にある第三者が、甲と出資関係を有することとなった場合。

4．第9条5項の状況が生じた場合。

解説

第 15 条　契約の中途終了

当事者の一方が、債務不履行、または解散、破産に陥っており、契約履行に重大な支障が生じた場合、他方の当事者は契約を中途解除することができる。また、ライセンシーが、ライセンサーの競業者と合併し、もしくは資本提携し、ライセンシーの経営に重大な影響を与える恐れがある場合、ライセンサーに契約を中途解除する権利を付与する。

■　合同终止后的双方的权利义务 /Effect after Termination/ 契約終了後の双方の権利義務

第十六条　合同终止后的双方的权利义务

1．除甲乙双方另行协商一致外，在本合同终止后甲方不得继续使用乙方提供的"专有技术"。

2．本合同终止后，甲方可以销售本合同终止之前制造的"合同产品"。但是，甲方应按照本合同第四条规定向乙方提交报告并支付提成费。

3．本合同终止后,甲方应将乙方所提供的"技术资料"全部归还乙方,并销毁所有的"技术资料"的复印件和电子版资料。

4．本合同期满后,甲方若继续使用"专有技术",可以与乙方另行协商。

Article 16　Effect after Termination

1. After the termination hereof, X shall not make further use of Know-how rendered by Y unless otherwise agreed between the parties.
2. Ever after the termination hereof, X still has the right to sell the Products produced before the termination, provided that X shall report on such sales and shall pay Y the running royalties pursuant to Article 4 hereof.
3. After the termination hereof, X shall return to Y all of the Technical Information rendered by Y and shall destroy all copies of the Technical Information and electronic data.
4. X may negotiate with Y in order to continue using Know-how after the expiration of the term of this agreement.

第 16 条　契約終了後の双方の権利義務

1. 本契約の終了後は、甲乙双方の別途協議による合意がなされた場合を除き、甲は引き続き乙の提供した「ノウハウ」を使用してはならない。
2. 本契約の終了後であっても、甲は本契約の終了前に製造した「契約製品」を販売することができる。ただし、甲は本契約第4条に基づき乙に対し報告書を提出し、ランニングロイヤリティを支払わなければならない。
3. 本契約の終了後、甲は乙に対し、乙の提供した全ての技術資料を返却するものとし、全ての技術資料のコピーおよび電子資料を廃棄しなければならない。
4. 本契約の期限満了後に、甲が継続的に「ノウハウ」を使用する場合には、別途乙と協議することができる。

解説

第 16 条　契約終了後の双方の権利義務

　2019 年改正後の技術条例第 27 条によれば、技術輸入契約が期間満了により終了した後、ライセンサーおよびライセンシーは公平合理の原則に基づいて、技術の継続使用について協議できると定めており、ライセンサーは、契約の終了後に、ライセンシーが技術の継続使用することを禁止することができる。

　本条では、ライセンシーに、契約終了後のノウハウの使用禁止義務ならびに技術資料の返還および廃棄を義務付けることにより、ライセンサーの権利を保護している。

■ 违约 /Breach of Agreement/ 違約

第十七条 违 约

1. 由于甲乙双方的任何一方违约，造成本合同无法履行或无法完全履行时，违约方应承担违约责任；
2. 甲方不按期支付本合同规定的技术使用费等费用时，每迟延一天，应支付____%的滞纳金作为违约金。

Article 17   Breach of Agreement

1. In the event that it becomes unable to perform all or part of this Agreement, due to either party's breach of this Agreement, the breaching party shall be liable for such breach.
2. In the event that X fails to pay the contract price provided herein including the royalties on the day of payment, X shall pay the late payment charge equal to ____ percent (____%) of amount in arrears for each day.

第17条 違 約

1. 甲乙双方のいずれかの違約により、本契約の履行または完全履行ができなくなる場合には、違約者は違約責任を負うものとする。
2. 甲は、本契約に定めたロイヤリティなどの契約代金を期限どおりに支払わない場合、1日遅延するごとに、遅延金額の__%を違約金として支払うものとする。

解説

第17条 違 約

　違約した場合、違約者は通常、違約金の支払いにより違約責任を負うことになる。中国の契約法第114条で、違約金については、以下のように定めている。

　当事者は、一方が違約した時の違約状況により相手に対して一定金額の違約金を支払う旨を約定することができ、また、違約によって生じた損害の賠償額の計算方法を約定することもできる。

　約定した違約金が実際の損害に比べて低額の場合、当事者は人民法院または仲裁機関に対して増額を請求することができる。約定した違約金が実際の損害に比べて高すぎた場合、当事者は人民法院または仲裁機関に対して減額を請求することができる。

　当事者が遅延履行の違約金を約定している場合、違約当事者は、違約金を支払った後も債務を履行しなければならない。

　違約金額および違約金の計算方法を約定することは、損失の計算、証拠提出にかかる手間と費

用を省けるだけでなく、違約した代償を明確にすることで、当事者に契約履行を促す効果がある。

　但し、中国契約法上の違約金は、懲罰ではなく、違約していない当事者の損害を補填する目的で設けた規定であるため、約定した違約金が、実際の損害金額より低いまたは高すぎる場合は、当事者の請求により、人民法院または仲裁機関はそれを調整することができる。

■　不可抗力 /Force Majeure/ 不可抗力

第十八条　不可抗力

　因地震，台风，水灾，火灾，战争及其他不能预见并且对其发生和后果不能防止或避免的不可抗力直接影响到本合同的履行或不能按照约定条件履行时，遭遇上述不可抗力事故的一方当事人，应立即将事故情况通知对方，并在 15 日内提供记载事故详情及不能履行，部分不能履行或需要延期履行的理由的有效证明文件。该证明应为事故发生地的公证机关发行。按照事故对本合同履行的影响程度，各当事人协商决定是否解除本合同，或部分免除履行合同的责任，或延期履行合同。

Article 18　Force Majeure

In the event that either party is affected directly in performing this Agreement or is prevented from carrying out any of its obligations under the provisions hereof due to any event of force majeure including earthquake, typhoon, flood disaster, fire, war, or inevitable accident of which occurrence and effect such party is unable to prevent or avoid, the party affected by such force majeure shall notify of the circumstances to the other party as soon as practicable and submit the details and document for valid evidence explaining the reason of such failure or delay in all or part of performance hereunder within fifteen (15) days after occurrence thereof. Such document for evidence shall be issued by the relevant authority in the area where such force majeure occurred. The parties hereto shall, through negotiation, determine whether to terminate this Agreement, to exempt a part of the obligations hereunder, or to delay the due date of the performance hereunder, according to the extent of effects on the performance of the obligations hereof.

第18条　不可抗力

　地震、台風、水害、火災、戦争およびその他の予見不可能で、かつその発生と結果を防止または回避できない不可抗力のために、本契約の履行に直接影響がでたり、約定どおりに履行できない場合には、当該不可抗力に遭遇した当事者の一方は、直ちに事故の状況を相手方に通知し、かつ15日以内に事故の詳細および契約の履行不能、契約の一部の履行不能または履行延期を必要とする理由が記載される有効な証明書を提出しなければならない。この証明書は、事故発生地域の公証機関が発行したものでなければならない。当該事故の本契約履行に対する影響の程度により、各当事者は本契約の解除、または契約履行責任の一部免除若しくは契約の履行延期について協議し決定する。

<u>解説</u>

第18条　不可抗力

　中国契約法は、不可抗力については、予測不可能、回避不可能、克服不可能の客観状況であると定義している（第117条）。不可抗力に該当する状況を明確にするため、概括的に述べるのではなく、なるべく列挙式で該当する状況を定めることが望ましい。

　不可抗力に遭った当事者は、速やかに相手に通知し、不可抗力により相手が被った被害を最小限に食い止めなければならない。

■　仲裁 /Arbitration/ 仲裁

第十九条　仲　裁

　因本合同或与本合同相关而产生的所有纠纷，争议或意见不一致，应通过一般社团法人日本商事仲裁协会根据其商事仲裁规则进行最终解决。仲裁地为日本国东京都。

Article 19　Arbitration

　All disputes, controversies or differences arising out of or in connection with this Agreement shall be finally settled by arbitration in accordance with the Commercial Arbitration Rules of The Japan Commercial Arbitration Association. The place of the arbitration shall be Tokyo, Japan.

第19条　仲　裁

この契約から又はこの契約に関連して生ずることがあるすべての紛争、論争又は意見の相違は、一般社団法人日本商事仲裁協会の商事仲裁規則に従って仲裁により最終的に解決されるものとする。仲裁地は東京（日本）とする。

解説

第19条　仲裁

国際取引から生じる紛争を解決するために、訴訟を提起するという方法があるが、相手国の裁判所でその国の手続法によりその国の言語で裁判をするのは、コストがかかる上に、公正な裁判が期待できない国もある。そこで、当事者双方が選任権を有する仲裁人により、合意した手続ルールや言語によることができる仲裁によって紛争を解決するという方法が国際取引ではよく使われている。仲裁によれば、迅速に、それゆえに安価に紛争を解決することができ、しかも強制執行が必要となる場合にも、判決よりも仲裁判断の方が多くの国が締約国となっている条約があるためにスムーズだからである。

仲裁条項のドラフティングでは、仲裁の対象となる紛争の範囲、仲裁機関、仲裁規則、仲裁地などを明確に規定する必要がある。この条項は、日本商事仲裁協会（JCAA）の商事仲裁規則によって東京での仲裁によって紛争解決をすること定めるものである。このような仲裁合意をしておけば、相手方が訴訟を提起してきても、その訴えの却下をもとめることができる。詳しくは「III. 仲裁条項のドラフティング」参照。

■　适用法律 /Governing Law/ 準拠法

第二十条　适用法律

本合同的订立，效力，解释，履行及争议的解决均以中华人民共和国法律为准据法。

Article 20　Governing Law

The execution, effect, construction, performance, and solution of any dispute of this Agreement shall be governed by the laws of China.

第 20 条　準拠法

本契約の締結、効力、解釈、履行および紛争の解決は、全て中華人民共和国の法律を準拠法とする。

解説

第 20 条　準拠法

　国際契約の場合は、当事者間の合意により準拠法を約定できるが、中国では、かつてライセンサー国の法律を準拠法にすることを避けるべきという行政指導があった。

　中国では、法律の整備が急ピッチで行われ、特に民商事法の場合、先進国の法律を参考にしているため、仮に中国法を準拠法にしても、必ずしも大きな不利にならないと思われる。

　日本法を準拠法に指定する事も可能であるが、実務では、中国法または第三国の法律を準拠法に指定する場合が多いようである。

■　小标题 /Headings/ 見出し

第二十一条　小标题

本合同为了使用方便在各条款上标出了供参考用的小标题，这对各条款的解释不产生影响。

Article 21　Headings

The headings of paragraphs of this Agreement are for convenience and reference only and shall not affect the interpretation of the paragraphs.

第 21 条　見出し

本契約の各条の見出しは、便宜上、参考とされるものであり、各条の解釈に影響を与えないものとする。

解説

第 21 条　見出し

　見出しは、契約を分かり易くする目的で作成したもので、契約の解釈に影響を与えるものではない。

■ 语言 /Language/ 言語

第二十二条　语　言

本合同由中文和日文／英文作成，均具有同等效力。乙方向甲方提供的规格书，技术资料等书面文件均使用日文。

Article 22　Language

This Agreement shall be executed in the Chinese language and the Japanese/English languages, all of which shall have the same effect. Any specifications and Technical Information shall be written in the Japanese language.

第22条　言　語

本契約は、中国語と日本語／英語で作成し、それぞれ同等の効力を有する。乙から甲に提出する仕様書、技術資料等の書面は、日本語を使用するものとする。

解説

第22条　言　語

　中国では、ライセンス契約の言語についての強行規定はないが、実務では、中国語および日本語で作成し、それぞれ同等の効力を持たせることが多い。但し、２つの言語で作成した場合、解釈に相違が生じる可能性があるので、これを避けるため「中国語と日本語／英語で作成するが、○○語で作成されたものに基づく解釈が優先するものとする。」旨規定することも考えられる。

　技術ライセンスに用いる資料の量的負担および翻訳の責任を考えて、乙の提出する資料は、日本語で作成することとした。

第二十三条　通　知

1．有关本合同的所有联络和通知，应制作中文和日文／英文文本，以传真或快件方式送达
到下列地址。

　　甲方：

　　邮编：

　　地址：

　　公司名称：

　　收件人：

　　电话号码：

　　传真号码：

　　乙方：

　　邮编：

　　地址：

　　公司名称：

　　收件人：

　　电话号码：

　　传真号码：

2．以传真方式送达时，发送日视为送达日；以快件方式送达时，发送日起第5天视为送达日。

Article 23　Notice

1. Any notice and other communications relating to this Agreement shall be written in Chinese and Japanese/English and shall be sent by fax or express mail to the following addresses:

　　To X:_____

　　Postal code:

　　Address:

　　Company name:

　　Attention:

　　Telephone number:

　　Fax number:

　　To Y:_____

　　Postal code:

Address:

Company name:

Attention:

Telephone number:

Fax number:

2. Such notice or communication shall be deemed to have been given as of the date of its dispatch if it is sent by fax, and as of the day when five (5) days have lapsed from the date of its dispatch if sent by express.

第23条　通　知

1．本契約に関する全ての連絡および通知は、中国語および日本語／英語で作成し、ファクシミリまたは速達郵便で下記の住所に送付するものとする。

甲宛：

　郵便番号：

　住所：

　会社名：

　受取人：

　電話番号：

　ファクシミリ番号：

乙宛：

　郵便番号：

　住所：

　会社名：

　受取人：

　電話番号：

　ファクシミリ番号：

2．ファクシミリで送信する場合、送信当日を到達日とみなし、速達郵便で発送する場合、発送後5日を経過した日を到達日とみなす。

解説

第23条　通　　知

　中国では建設ブームによって、会社の住所移転が日本より頻繁になされている。また、電話番号の桁数増加により、以前の電話番号が使えないということもよくある。契約時の当事者の連絡先を詳細に記載するだけでなく、その都度情報の更新を行う必要がある。

また、送付したにもかかわらず、届いていないというトラブルが少なくないので、本条のように、ファクシミリで送信した当日を到達日とみなし、郵送の場合は、発送してから一定の期間を経て到達とみなすと約定し、送付後の事後確認を行うことも重要である。

■ 附　件 /Appendix/ 付属文書

第二十四条　附　件

本合同的附件为本合同不可缺少的部分，与本合同具有同等效力。

Article 24　Appendix

Appendixes are integral parts of this Agreement and have the same effect as this Agreement.

第 24 条　付属文書

本契約の付属文書は、本契約の不可欠な部分であり、本契約と同等の効力を有する。

解説

第 24 条　付属文書

原則として、別途の約定がなければ、契約書の付属文書は契約書の一部とみなし、契約書と同等の効力を有する。

■ 登记 /Registration/ 登記

第二十五条　登　记

自本合同生效日起＿＿＿日内，甲方应向登记管理部门申请登记，并在"技术进口合同登记书"的发行日起＿＿＿日内将其复印件送交乙方。

Article 25　Registration

X shall apply for registration at the registration agency within ＿＿＿（＿＿＿）days from the effective date of this Agreement and send Y a copy of the certificate of registration of the technology import contract within ＿＿＿（＿＿＿）days from the date of issue thereof.

第25条　登記

甲は、契約発効日より＿＿＿日以内に、登記管理部門に登記を申請するものとし、「技術輸入契約登記書」の発行日より＿＿＿日以内に、乙にそのコピーを送付するものとする。

解説

第25条　登記

　自由類技術のライセンス契約は、締結日より発効することになるが、登記手続を行わなければ、ロイヤリティの対外送金に支障を来すことがあるので、ライセンシーに登記義務を負わせる。「技術輸出入契約登記管理弁法」第6条によれば、支払い方式がランニング・ロイヤリティの契約を除き、技術輸入者は契約発効後60日以内に商務部門に契約の登記を申請しなければならず、支払い方式がランニング・ロイヤリティの契約である場合、初回のランニング・ロイヤリティ金額が確定した後60日以内に契約の登記手続きを行う必要がある（「技術輸出入契約登記管理弁法」第7条）。日本企業としては、中国企業から確実にライセンスフィーを受け取るためにも、法にしたがいライセンス契約の登記を期日内に行うよう、中国企業に促すことが望まれる。「技術輸出入契約登記管理弁法」第8条によれば、技術輸入契約が発効した後、当事者は、技術輸出入契約登記申請書、技術輸入契約副本および当事者の法的地位を証明できる文書を持って、登記管理部門にて登記手続を行わなければならない。登記管理部門は、上記申請書類を受領してから3業務日以内に、契約登記の内容を確認し、「技術輸入契約登記証」を発行する。

■　署名

甲方：○○有限公司	乙方：○○株式会社
＿＿＿＿＿＿＿＿＿＿＿＿	＿＿＿＿＿＿＿＿＿＿＿＿
職務和署名	職務和署名

X：X Corporation	Y：Y Co., Ltd.
＿＿＿＿＿＿＿＿＿＿＿＿	＿＿＿＿＿＿＿＿＿＿＿＿
Title and Signature	Title and Signature

甲：○○有限公司	乙：○○株式会社
＿＿＿＿＿＿＿＿＿＿＿＿	＿＿＿＿＿＿＿＿＿＿＿＿
肩書および署名	肩書および署名

　中国では、日本と違い、会社の代表権を有するのは、董事長または総経理のいずれか一人である点に留意する必要がある（定款を確認する必要がある）。日本側が第1条に記載した法定代表者と違う他の代表取締役がサインした場合、しばしば、中国側から、署名者に法的代表権がないため、委任状が必要だといわれる場合がある。法制度の違いを事前に説明することが望ましい。また、事後的に、法的代表権を有さない者の署名の効力をめぐる紛争を避けるために、例えば、予め署名欄の前に以下のように正当な権限を有する者による署名を要する旨定めておくのもよい。

　「以上の証として、甲および乙は、各々の正当な権限を有する代表者をして本契約の中国語版および日本語版の正本各＿＿通に署名せしめ、各自で各＿＿通を保有する。」

III. 仲裁条項のドラフティング

1．仲裁とは
（1）法制度としての仲裁

　一般に、仲裁とは「争いの間に入り、両者を取りなし仲直りをさせること」との意味で使われることが多いが、法制度としての仲裁は、紛争当事者間の合意により仲裁人が紛争解決をするものである。分かりやすく言えば、仲裁は法律で認められた私設の裁判である。

　仲裁は、当事者の合意、すなわち、仲裁合意がその根幹である。仲裁合意とは、当事者が紛争の解決を第三者の判断に委ね、その判断に従う旨の合意である。仲裁合意において様々なことを決めておくことはできるものの、細かく合意事項を定めることは煩雑であるので、日本商事仲裁協会（JCAA）のような仲裁機関の仲裁規則によることを定めておくのが普通である。通常、契約書中に仲裁条項として定めておく。仲裁合意があるにもかかわらず、一方の当事者が裁判所に提訴した場合には、他方の当事者が仲裁合意の存在を主張すれば（妨訴抗弁）、裁判所はその訴えを却下することになる。

　仲裁において、裁判官の役割を果たす第三者を仲裁人という。当事者が裁判官を選ぶことはできないが、仲裁人は当事者が合意により選ぶことができる。1名の仲裁人とすることを合意していて、その選任について合意できなければ、仲裁条項において指定している仲裁機関の規則により、その仲裁機関が決定をする。例えば、JCAAの「商事仲裁規則」や「インタラクティヴ仲裁規則」では、3名の仲裁人とすることを合意している場合には、各当事者が1名の仲裁人を選任し、そうして選任された2名の仲裁人が最後の1名を選任する。この合意ができない場合にもJCAAが決定することになる。仲裁人は、当事者の一方が、仲裁手続を無視して何ら対応しない場合でも、仲裁手続を進めることができ、仲裁判断を下すことができる。

　仲裁判断は、確定判決と同一の効力があり、相手方が任意に履行しない場合は、裁判所により強制執行してもらうことができる。

（2）仲裁の特長
（a）国際性

　仲裁法によれば、仲裁判断には、確定判決と同一の効力が認められている。判決の場合には、外国で日本の裁判所の判決の効力が認められるかどうかはその外国の法律次第であるが、仲裁判断の場合には、他の締約国においてされた仲裁判断を一定の要件のもとに承認し、これに基づき強制執行すること約束した「外国仲裁判断の承認および執行に関する条約」（ニューヨーク条約）がある。現在、ニューヨーク条約の締約国は160カ国以上であり、ほぼすべての国が締約国になっているということができる。

　なお、非締約国のうち、わが国と取引の多い国として台湾がある。しかし、台湾は自国の仲裁法においてニューヨーク条約と同様の要件を定めている。

(b) 中立性

　仲裁は、手続および判断の中立性を確保することができる。異なる国の当事者の間の取引をめぐる紛争を、一方当事者の国の裁判所によって解決することは、手続法や言語などの違い、さらには適切な弁護士の選任や管理ができないといったことなどから、他方当事者にとって不利である。また、腐敗した裁判官がいる国もある。この点、仲裁は当事者間の合意に基づく紛争解決制度であり、仲裁人の選任、手続言語、手続の進め方などについて、広く当事者の合意によることが認められている。例えば、中国企業と日本企業と間の紛争であっても、英語により、第三国籍の仲裁人による仲裁によって解決することもできる。

(c) 手続の柔軟性

　訴訟では、手続のルールは訴訟法に定められており、これを変更することは認められない。他方、仲裁は当事者の合意を基礎にするものであり、当事者が合意により手続の進め方を決めることができる。たとえば、紛争解決期間を6カ月と限定して、その期間内に仲裁判断を下すことを仲裁人に求めることや、手続のすべてを書面やテレビ会議によってのみ行うことも可能である。

(d) 非公開性

　訴訟では、一般に手続が公開される。わが国では、憲法82条1項は「裁判の対審及び判決は、公開法廷でこれを行ふ。」と規定している。他方、例えばJCAA仲裁の場合、仲裁を行っていることや仲裁判断の内容について仲裁人も当事者も守秘義務を負っているので、業界の他社に知られることはない。

(e) 迅速性

　訴訟は三審制であり、最高裁まで争われると数年はかかる。これに対し、仲裁では、仲裁判断が下されれば、これに対する上訴はできないので、訴訟と比べると迅速に紛争解決を得ることができる。

2．仲裁条項のヒント

　当事者は、仲裁法の公の秩序に関する規定に反しない限り、どのように仲裁手続を行うかを自由に決めることができる。仲裁には仲裁機関を利用して仲裁手続を行う「機関仲裁」と仲裁機関を利用しないで当事者のみで仲裁手続を行う「アド・ホック仲裁」の2つがあるところ、「アド・ホック仲裁」では、現実にうまく仲裁手続が進まないだけでなく、仲裁合意が一応存在するために訴訟ができないという八方塞がりになったケースもある。仲裁に不慣れな場合には、JCAAのような仲裁機関を利用した「機関仲裁」が安全である。

　機関仲裁を利用する場合の仲裁条項のドラフティングでは、利用する規則を特定するだけを定めることもあるが、これに加えて、具体的な手続の方法、仲裁人の資格・数、仲裁手続の言語、手続費用の負担などの定めを盛り込むこともある。以下では、様々な仲裁条項の具体例をあげ、それぞれの特長について考える。

（1）JCAA の 3 つの仲裁規則に基づく仲裁条項

　JCAA では、（a）商事仲裁規則、（b）インタラクティヴ仲裁規則、（c）UNCITRAL 仲裁規則、以上 3 つの仲裁規則に基づく仲裁を提供している。これらの仲裁規則はそれぞれに特長を有し、当事者はその中からふさわしい規則を選択することができる。これらの仲裁規則は JCAA のウェブサイト（http://www.jcaa.or.jp/）からダウンロードが可能である。

（a）商事仲裁規則によって仲裁を行う場合の仲裁条項例

| All disputes, controversies or differences arising out of or in connection with this Agreement shall be finally settled by arbitration in accordance with the Commercial Arbitration Rules of The Japan Commercial Arbitration Association. The place of the arbitration shall be Tokyo, Japan. | この契約から又はこの契約に関連して生ずることがあるすべての紛争、論争又は意見の相違は、一般社団法人日本商事仲裁協会の商事仲裁規則に従って仲裁により最終的に解決されるものとする。仲裁地は東京（日本）とする。 |

解説

　商事仲裁規則【日本語・英語】は、UNCITRAL 仲裁規則の規定を基礎にし、その上で、最新の国際実務を反映した規定を備え、かつ、実務上争いが生じ得る論点についてきめ細やかに対応した仲裁規則である。特長的な規定は、以下のとおりである。
- 迅速仲裁手続に関する規定
- 緊急仲裁人による保全措置命令に関する規定
- 複数の契約から生ずる紛争を 1 つの仲裁手続で解決することに関する規定
- 多数当事者が関与する紛争を 1 つの仲裁手続で解決することに関する規定
- 仲裁手続中の調停に関する規定
- 仲裁人による補助者の利用に関する規定
- 第三仲裁人の選任について当事者選任仲裁人が一方当事者の意見を個別に聴く場合に関する規定
- 少数意見の公表の禁止に関する規定

（b）インタラクティヴ仲裁規則によって仲裁を行う場合の仲裁条項例

| All disputes, controversies or differences arising out of or in connection with this Agreement shall | この契約から又はこの契約に関連して生ずることがあるすべての紛争、論争又は意見の相違は、一般社団法人日本商事仲裁協 |

be finally settled by arbitration in in accordance with the Interactive Arbitration Rules of The Japan Commercial Arbitration Association. The place of the arbitration shall be Tokyo, Japan.	会のインタラクティヴ仲裁規則 に従って仲裁により最終的に解決されるものとする。仲裁地は東京（日本）とする。

解説

インタラクティヴ仲裁規則【日本語・英語】は、商事仲裁規則と共通する規定を有しつつ、その上で、仲裁廷が争点の明確化に積極的に関与し、かつ、当事者が主張立証活動を効率的・効果的に行うことができるようにするための工夫として、以下のような特長的な規定を置いている。

- 仲裁廷は、手続の出来るだけ早い段階で、当事者に対し、当事者の主張の整理及び暫定的な争点について書面で提示し、当事者の意見を求めなければならない。
- 仲裁廷は、遅くとも証人尋問の要否について決定をする前に、当事者に対し、重要な争点に関する暫定的な見解を書面で提示しなければならない。

(c) UNCITRAL 仲裁規則＋ UNCITRAL 仲裁管理規則によって仲裁を行う場合の仲裁条項例

All disputes, controversies or differences arising out of or in connection with this Agreement shall be finally settled by arbitration in accordance with the UNCITRAL Arbitration Rules supplemented by the Administrative Rules for UNCITRAL Arbitration of The Japan Commercial Arbitration Association. The place of the arbitration shall be Tokyo, Japan.

解説

UNCITRAL 仲裁規則（＋ UNCITRAL 仲裁管理規則）【英語のみ】には、以下の特長がある。
- 国際連合国際商取引委員会（UNCITRAL）が作成した仲裁規則である。
- 仲裁手続を円滑に行う上で最低限必要なルールを規定している。
- UNCITRAL 仲裁管理規則は、UNCITRAL 仲裁規則に基づき JCAA が事務局として仲裁手続の初めから終りまでサポートをする上で必要な事項について定めたものであり、UNCITRAL 仲裁規則を補完するものである。

(2) 機関仲裁条項（仲裁機関を指定する仲裁条項）

All disputes, controversies or differences arising out of or in	この契約から又はこの契約に関連して生ずることがあるすべての紛争、論争又は意

connection with this Agreement shall be finally settled by arbitration in accordance with the Commercial Arbitration Rules of <u>The Japan Commercial Arbitration Association</u>. The place of the arbitration shall be Tokyo, Japan.

見の相違は、<u>一般社団法人日本商事仲裁協会</u>の商事仲裁規則に従って仲裁により最終的に解決されるものとする。仲裁地は東京（日本）とする。

解説

　仲裁には仲裁機関を利用して仲裁手続を行う「機関仲裁」と仲裁機関を利用しないで当事者のみで仲裁手続を行う「アド・ホック仲裁」の２つがあるが、「機関仲裁」を選択する場合、どのような仲裁機関を利用すべきかが問題となる。

　仲裁というのは、仲裁条項を含む契約を締結した後、実際に仲裁を利用するのは数年後、数十年後のことになる。JCAA の仲裁事件でも、10 年、20 年前に締結した契約に基づいて仲裁申立てがなされることは、決して珍しいことではない。したがって、仲裁機関の選択においては、仲裁機関の存続性というものがとても重要な要素である。契約締結時に存在していたとしても、実際に紛争が生じて仲裁を申し立てようと思ったら、仲裁機関が無くなっていれば、仲裁での紛争解決手段が失われてしまう。仲裁機関はウイスキーの醸造メーカーのようなもので、よいウイスキーを仕込んでもそれが現実に利益を生むまでには一定の期間を要するため、その一定期間を生き延びる必要があり、資金不足で消滅してしまうおそれがある。

　近年、国際仲裁の発展に伴って、各国で次々に新しい仲裁機関が設立されているが、特に、新しい仲裁機関の場合には、安易に選択するようなことはせず、その存続性について調査する必要がある。この点、JCAA は、1950 年に日本商工会議所の国際商事仲裁委員会として設置されて以降、半世紀以上にわたる歴史を有し、財政基盤も数多くの会員の支援と他事業からの収益によって安定しており、さらに何よりカントリーリスクのない日本の仲裁機関であるので、その存続性にいささかの問題もない。

（３）仲裁規則を規定する仲裁条項

All disputes, controversies or differences arising out of or in connection with this Agreement shall be finally settled by arbitration in accordance with <u>the Interactive Arbitration Rules</u> of the Japan Commercial Arbitration Association.

　この契約から又はこの契約に関連して生ずることがあるすべての紛争、論争又は意見の相違は、<u>一般社団法人日本商事仲裁協会</u>の<u>インタラクティヴ仲裁規則</u>に従って仲裁により最終的に解決されるものとする。

解説

仲裁は当事者自治を基本とする紛争解決方法である。当事者は、仲裁法の公の秩序に関する規定に反しない限り、どのように仲裁手続を行うかを自由に決めることができる。したがって、当事者が仲裁手続の一つ一つについて検討し決めても良いが、実際にそのようなことをすることは大変面倒であるし、そもそも仲裁手続に不慣れな当事者にとっては、とても難しいことである。そこで、手続管理の専門機関である仲裁機関が、仲裁手続を行うためにドラフトした手続準則の「セット」を利用することになる。これが仲裁規則である。仲裁規則は、仲裁手続の細部に至るまで検討して、円滑にかつ実効的な紛争解決を実現するための様々な事項を定めたものであり、これを契約で採用することによって、当事者の合意内容になるので、個々の事項についての交渉の手間を省くことができる。

とはいえ、特定の仲裁規則による仲裁を定める条項を契約に盛り込むということは、その仲裁規則が定めている内容のすべてを合意するということを意味するので、本来は仲裁規則の内容を事前にチェックして、万一紛争が発生した場合に自分の側にとって不都合はないのか、有利なのかを検討する必要がある。しかし、実際のところ、法務担当者であっても、仲裁の経験が豊富な方は滅多にいないので、仲裁規則を読んでみても、どのような状況が生じる可能性があるのか、その際にその規定はどのように作用するのかを評価することは難しい。そのような場合であっても、少なくとも、①仲裁人の選任手続の規定、②仲裁地を定める規定、③手続言語を定める規定、④仲裁人報償金や管理料金を定める規定、以上4つの規定については必ず確認する必要がある。

上記の仲裁条項では、JCAAの「インタラクティヴ仲裁規則」が規定されている。インタラクティヴ仲裁規則は、仲裁廷が争点の明確化に積極的に関与することによって、当事者が主張立証活動を効率的に行うことができるよう工夫された仲裁規則である。上記の4つの点については、次のとおりになっている。

①の仲裁人選任は当事者自治が原則であり、決められない場合にはJCAAが定めることになっている。②の仲裁地について当事者間の合意がない場合には、申立人が仲裁申立書を提出したJCAAの事務所の所在地（東京、横浜、名古屋、大阪、神戸）が仲裁地となる。③の手続言語について当事者が合意できない場合には、仲裁廷が契約書の言語や通訳・翻訳の要否やその費用等を勘案して決定するとされている。④のうち、仲裁人報償金については、請求額に応じた定額制が採用されている点に特徴がある。たとえば、請求額が5000万円以上1億円未満で、仲裁人1名の場合には、200万円であるので、予め紛争解決コストの計算が可能となる。

仲裁条項は「真夜中の条項」（midnight clauses）の一つとされ、契約交渉の最終段階で、十分検討されることなくドラフトされることもあるが、いざ紛争が発生したときになってから適用される仲裁規則を読んで、遠隔地での仲裁を強いられるといった不利を悟ることがないように、事前のチェックを怠らないようにしなければならない。

（4）「商事仲裁規則」の迅速仲裁手続によって仲裁を行う場合の仲裁条項

All disputes, controversies or differences arising out of or in connection with this Agreement shall be finally settled by arbitration in accordance with <u>the expedited arbitration procedures of the Commercial Arbitration Rules</u> of The Japan Commercial Arbitration Association. The place of the arbitration shall be Tokyo, Japan.

この契約から又はこの契約に関連して生ずることがあるすべての紛争、論争又は意見の相違は、一般社団法人日本商事仲裁協会の<u>商事仲裁規則の迅速仲裁手続</u>に従って仲裁により最終的に解決されるものとする。仲裁地は東京（日本）とする。

解説

　商事仲裁規則第2編に定める迅速仲裁手続によって仲裁を行う場合の仲裁条項である。迅速仲裁手続は、原則、5,000万円未満の紛争を処理するために使われる仲裁手続である。仲裁人は1人で、仲裁廷の成立日から3か月以内に仲裁判断をするよう努めることとされている。一般に小額紛争に利用される手続であるが、高額紛争であっても、例えば、金銭消費貸借契約に関連する紛争など、主張・立証が比較的容易な事件にも適していると思われる。

（5）仲裁人の要件や数を規定する仲裁条項

All disputes, controversies or differences arising out of or in connection with this Agreement shall be finally settled by arbitration in accordance with the Commercial Arbitration Rules of The Japan Commercial Arbitration Association. The place of the arbitration shall be Tokyo, Japan. <u>(i) The arbitrator shall be in possession of qualification of a lawyer in Japan.</u> <u>(ii) The number of the arbitrators shall be（ ）.</u>

この契約から又はこの契約に関連して生ずることがあるすべての紛争、論争又は意見の相違は、一般社団法人日本商事仲裁協会の商事仲裁規則に従って仲裁により最終的に解決されるものとする。仲裁地は東京（日本）とする。<u>(i) 仲裁人は日本の弁護士資格を有する者とする。</u><u>(ii) 仲裁人の数は、（ ）人とする。</u>

解説

(i) 仲裁人の要件

　当事者は仲裁条項において仲裁人の要件を自由に定めることができるが、現実的に選任が可能な要件を規定する必要がある。極端な例として、JCAA は、過去に、①フランスの弁護士資格を有し、②日本語で仲裁手続を行うことができ、③国際的な建設紛争に 10 年以上の経験がある者、という要件を定めてもよいかとの問い合わせを受けたことがある。もちろん、これらの条件を仲裁人の要件として定めることは可能であるが、現実的に、これらすべての要件を満たす仲裁人を探すことは極めて困難であると思われる。日本の仲裁法 18 条 1 項 1 号は、当事者の合意により定められた仲裁人の要件を具備しないことを忌避の原因として挙げている。特別の要件を仲裁条項に盛り込む際は、実際に機能するか否かをよく検討しなければならない。

(ii) 仲裁人の数

　一般に、仲裁実務では、仲裁人の意見が分かれて手続が行き詰まらないようにするために、1人又は 3 人とされ、3 人の場合には両当事者が各 1 名を選任し、そうして選任された 2 名の仲裁人が 3 人目の仲裁人を選任することとされている。仲裁人の数は、当事者の合意によって定めることができるため、仲裁条項のドラフティングの際に、仲裁人の数を予め規定するか否か、規定する場合には何人と規定するかが問題となる。

　一見すると、1 人より 3 人のほうが、より慎重な判断を期待することができ、何より、自ら選任した仲裁人を仲裁廷の中に送り込むことできるのでよさそうに思われる。しかし他方で、単純に 3 倍の仲裁人報償金及び仲裁人経費を要する。手続期間についても、各仲裁人の都合の調整や合議の時間がかかるため、単独仲裁人による仲裁手続より、長い期間がかかる。

　仲裁人の数を決める上で、もっとも重要なことは、発生し得る紛争の規模と複雑さの予測である。JCAA 仲裁では、過去に、2000 万円〜 3000 万円程度の請求金額の単純な事件で、仲裁条項に仲裁人の数が 3 人と規定されていたため、3 人で仲裁廷を構成し、手続を実施した例がある。この事件では仲裁人の数は 1 人で十分であったと思われる。また、仲裁条項に仲裁人の数が 3人と規定されている場合であって、迅速仲裁手続による旨の規定がないときには、紛争金額が5000 万円未満の小額紛争であっても、商事仲裁規則 84 条 1 項ただし書により、迅速仲裁手続が適用されなくなる。

　高額で複雑な紛争の発生が予想されるということであれば、仲裁人の数を 3 人と定める仲裁条項とすることでもよいが、そのような予測が立たない場合には、仲裁人の数は規定しないほうがよい。当事者間に仲裁人の数について合意がない場合には、商事仲裁規則 26 条 1 項により、その数は 1 人となる。これは、当事者が 2 人の場合であって仲裁人の数について合意ができないときは、仲裁人の数は 3 人とすると定める仲裁法 16 条 2 項の適用を排除する合意として有効である。そして、商事仲裁規則 26 条 3 項により、いずれの当事者も、被申立人が仲裁申立ての通知を受領した日から 4 週間以内に、JCAA に対し、仲裁人の数を 3 人とすることを書面により求めることができ、この場合において、JCAA は紛争の金額、事件の難易その他の事情を考慮し、これを適当と認めたときは、仲裁人は 3 人とすることができる。

したがって、契約から発生する紛争の規模と複雑さの予測が困難な場合には、仲裁人の数は定めず、その数の決定を JCAA にお任せいただくことをお勧めする。

（6）仲裁手続の言語を規定する仲裁条項

All disputes, controversies or differences arising out of or in connection with this Agreement shall be finally settled by arbitration in accordance with the Commercial Arbitration Rules of The Japan Commercial Arbitration Association. The place of the arbitration shall be Tokyo, Japan. <u>The arbitral proceedings shall be conducted in Japanese.</u>	この契約から又はこの契約に関連して生ずることがあるすべての紛争、論争又は意見の相違は、一般社団法人日本商事仲裁協会の商事仲裁規則に従って仲裁により最終的に解決されるものとする。仲裁地は東京（日本）とする。<u>仲裁手続は日本語によって行なう。</u>

解説

　　当事者は仲裁手続の言語（以下「手続言語」）を自由に定めることができる。例えば、「商事仲裁規則」や「インタラクティヴ仲裁規則」に基づく仲裁手続では、当事者間に、手続言語を定める合意がない場合には、仲裁廷が手続言語を決定する。仲裁廷は、手続言語の決定に当たり、仲裁合意を規定する契約書の言語、通訳及び翻訳の要否並びにその費用その他の関連する事情を考慮しなければならないとされている。一般に、国際契約書は英語で作成されていることが多く、その結果、手続言語の合意がない場合には、英語が手続言語となっている。日本企業にとって、英語で手続を実施することは負担が大きいため、日本語で仲裁手続を行ないたい場合には、予めその旨を仲裁条項に定めておく必要がある。

　　仲裁条項で、たとえば「仲裁手続は英語及び日本語による。」といったように、複数の仲裁手続の言語を規定することもできる。しかし、これは実務的には問題が発生しやすく、費用や労力も大きい。というのは、上記の条項例によれば、日本語だけで書面を提出することができるのか、それとも日本語と英語の両方の言語で書面を提出しなければならないのかが定かではないからである。仮に、日本語の書面だけで、よいとされる場合であっても、仲裁廷の中に英語しか理解できない仲裁人がいる場合には、結局、英語の書面も提出せざるを得なくなる。したがって、日本語と英語のいずれの言語でも手続を行なえるようにするためには、仲裁人は両方の言語を問題なく使いこなせることを要件とするといった定めもしておくのが望ましいということになる。たとえば、次のような条項である。

The arbitral proceedings shall be conducted in Japanese or English.	仲裁手続の言語は日本語又は英語によって行なう。仲裁人は、日本語および英語で

The Arbitrator shall be competent to conduct the arbitral proceedings in both Japanese and English.	仲裁手続を行なえなければならない。

しかし、そのような言語能力を有する適任者の絶対数は少なく、仲裁人選任作業が難航することが想定される。このように、複数の手続言語も定めるという条項は注意を要する。

（7）仲裁費用の負担を定める仲裁条項

All disputes, controversies or differences arising out of or in connection with this Agreement shall be finally settled by arbitration in accordance with the Commercial Arbitration Rules of The Japan Commercial Arbitration Association. The place of the arbitration shall be Tokyo, Japan. The losing party shall bear the arbitrator's remuneration and expenses, the administrative fee and other reasonable expenses incurred with respect to the arbitral proceedings (hereinafter the "Arbitration Cost"). In the case where a part of claims is admitted, the Arbitration Cost shall be borne in accordance with the determination of the arbitral tribunal at its discretion. The parties shall each bear their own costs as well as counsels' and other experts' fees and expenses in the arbitral proceedings.	この契約から又はこの契約に関連して生ずることがあるすべての紛争、論争又は意見の相違は、一般社団法人日本商事仲裁協会の商事仲裁規則に従って仲裁により最終的に解決されるものとする。仲裁地は東京（日本）とする。 仲裁人報償金、仲裁人経費、管理料金、その他の仲裁手続のための合理的費用（以下「仲裁費用」）は、敗れた当事者が負担する。請求の一部のみが認められた場合における各当事者の仲裁費用の負担は、仲裁廷が、その裁量により定める。各当事者は、仲裁手続における当事者自身の費用並びに代理人その他の専門家の報酬及び経費を負担する。

商事仲裁規則 80 条 1 項では、仲裁手続の費用として、①仲裁人報償金、仲裁人経費、管理料金、その他の仲裁手続のための合理的な費用のほか、②当事者が負担する代理人その他の専門家の報酬及び経費をあげており、同条 2 項で仲裁人が、当事者の負担割合を決定すると定めている。仲裁は当事者自治に基づく手続であるので、仲裁手続の費用負担についても当事者が定めることができる。JCAA 仲裁の過去の例をみると、仲裁手続のために当事者が負担するコストの 8 割から 9 割は代理人への報酬及び経費の支払いである。なお、代理人の報酬は中小の法律事務所より大手事務所、日本の法律事務所より外国の法律事務所の方が高額であるのが通常である。

条項例では、上記の①については、敗れた当事者が仲裁費用を負担することとし、一部の請求が認められた場合（部分的に敗れた場合）には仲裁廷が裁量で各当事者の負担を決定すると定め、②については各当事者が自分自身の費用並びに代理人その他の専門家の報酬及び費用を負担すると定めている。

(8) 多層的紛争解決条項

The parties shall attempt to negotiate in good faith for a solution to all disputes, controversies or differences arising out of or in connection with this Agreement (hereinafter referred to as "disputes").

If the disputes have not been settled by negotiation within [two] weeks from the date on which one party requests to other party for such negotiation, the parties shall attempt to settle them by mediation in accordance with the Commercial Mediation Rules of the Japan Commercial Arbitration Association (hereinafter referred to as "JCAA"). The parties shall conduct the mediation in good faith at least [one] month from the date of filing.

If the disputes have not been settled by the mediation, then they shall be finally settled by arbitration in accordance with the Commercial

当事者は、この契約から又はこの契約に関連して生ずることがあるすべての紛争、論争又は意見の相違（以下、「紛争」という）の解決のために、誠実に協議するように努めなければならない。

一方の当事者が相手方の当事者に対し、協議の要請を行った日から [2] 週間以内に、協議によって紛争が解決されなかったときは、当事者は一般社団法人日本商事仲裁協会（以下、「JCAA」という）の商事調停規則に基づく調停を試みるものとする。当事者はその申立ての日から少なくとも [1] カ月、誠実に調停を行わなければならない。

上記の調停によって紛争が解決されなかったときは、紛争は JCAA の商事仲裁規則に従って仲裁により最終的に解決されるものとする。仲裁地は東京（日本）とする。

Arbitration Rules of the JCAA. The place of the arbitration shall be Tokyo, Japan.

解説

　仲裁費用の高額化や仲裁手続の長期化の懸念から、その解決策の1つとして、当事者に仲裁手続を開始する前に、交渉や調停によって紛争解決を試みることを義務づける手続が採用されることがある。上記の「多層的紛争解決条項」では、紛争が生じた場合には、まず初めに、当事者は誠実な「交渉」による解決を試みて、それにより解決ができなかった場合には、次に中立的な第三者を介した交渉である「調停」を利用し、それでもなお、紛争の解決に至らない場合には、最終的に、強制的な手続である「仲裁」で解決するという段階的な紛争解決手続となっている。

　多層的紛争解決手続において注意すべきことは、交渉や調停の手続が、紛争を解決したくない当事者に、遅延策として利用されないように、予め手続期間を決めておく必要がある（上記の多層的紛争解決条項において少なくとも1カ月は調停を行うことを義務付けているが、この期間を定めていない場合にはJCAAの商事調停規則には期間の定めがあり、それは当事者が別段の合意をしない限り3カ月となっている）。

　また、多層的紛争解決手続では、相手方が誠実に交渉によって解決する姿勢がある場合には効果が期待されるが、現実に紛争が発生した場合に協議や調停による解決が期待できないこともあり得るので、期間を余り長く設定していると、その期間、最終的な解決手段である仲裁を開始できないことになってしまうので、ドラフティングの際にはそのことも考慮する必要がある。

(9) 交差型仲裁条項（クロス条項）

　All disputes, controversies or differences arising out of or in connection with this Agreement shall be finally settled by arbitration. If arbitral proceedings are commenced by X (foreign corporation), arbitration shall be held pursuant to the Commercial Arbitration Rules of The Japan Commercial Arbitration Association and the place of arbitration shall be Tokyo, Japan; if arbitral proceedings are commenced by Y (Japanese corporation), arbitration shall be held

　この契約から又はこの契約に関連して、当事者の間に生ずることがあるすべての紛争、論争又は意見の相違は、仲裁により最終的に解決されるものとする。X（外国法人）が仲裁手続を開始するときは、一般社団法人日本商事仲裁協会の商事仲裁規則に基づき仲裁を行い、仲裁地は東京（日本）とする。Y（日本法人）が仲裁手続を開始するときは、（仲裁機関の名称）の（仲裁規則の名称）に基づき仲裁を行い、仲裁地は（外国の都市名）とする。

　当事者の一方が上記の地のうちの一においてその仲裁機関の規則に従って仲裁手続

pursuant to (the name of rules) of (the name of arbitral institution) and the place of arbitration shall be (the name of the city in foreign country).

Once one of the parties commences arbitral proceedings in one of the above places in accordance with the rules of the respective arbitral institution, the other party shall be exclusively subject to the arbitral proceedings and shall not commence any arbitral proceedings as well as court proceedings. The time receipt of the request for arbitration by the arbitral institution determines when the arbitral proceedings are commenced.

を開始した場合には、他方の当事者はその仲裁手続に排他的に服し、他の仲裁手続も訴訟手続も開始してはならない。その仲裁機関によって仲裁申立てが受領された時をもって、仲裁手続がいつ開始したかを決定する。

解説

　交差型仲裁条項は仲裁の相手方（これを通常、仲裁の被申立人という）の所在地を仲裁地として仲裁手続を行うことを定める仲裁条項である。被告地主義仲裁条項や Finger pointing clause とも呼ばれている。相手方の仲裁機関は通常、相手国の仲裁機関が規定される。この仲裁条項の場合、相手方が契約違反をした場合、相手国で仲裁を行うことになるので、相手方が契約違反をする危険性が高い場合には注意が必要である。また、理論的には、仲裁申立てを受けた当事者が、反対請求の申立てではなく、別途、相手国において仲裁を申し立てる可能性があるため、そのような事態を避けるためには、一つの仲裁手続が開始した場合には、別の仲裁手続を開始することはできない旨の定めも合わせて規定しておくことがより望ましい。

（10）準拠法条項と仲裁条項

1. <u>This contract shall be governed by and construed under the laws of Japan.</u> 2. All disputes, controversies or differences arising out of or in connection with this Agreement shall be finally settled by arbitration in accordance with the Commercial	1. <u>この契約は日本法に準拠し、解釈されるものとする。</u> 2. この契約から又はこの契約に関連して生ずることがあるすべての紛争、論争又は意見の相違は、一般社団法人日本商事仲裁協会の商事仲裁規則に従って仲裁により最終的に解決されるものとする。仲裁地は東京（日本）とする。

解説

　契約の準拠法を定める条項は仲裁条項などの紛争解決条項とは別に定められることもあるが、上記のように、1項と2項として、両者をセットにして定められることもある。しかし、そもそも、この2つは異なる機能を果たすものであるので、以下のことを十分に認識しておくことが必要である。

　紛争解決条項は、紛争の発生に備えて定めるものであり、紛争が発生してはじめてその適用が問題になる。これに対して、準拠法条項は、紛争が発生するかしないかとは関係なく、契約がスムーズに履行されている間も、当事者間の権利義務及び法律関係の発生、効力、終了などを規律し続ける。

　JCAAへの相談事例として、被申立人の国での仲裁を行うことを定める「交差型仲裁条項」（上記（9））を採用するつもりであるところ、準拠法条項もこれと一体化させ、被申立人の国の法による旨を定めることにしてよいか、とのご質問を受けたことがある。仲裁条項を交差型にするのは、仲裁申立てをする際のハードルを上げ、申立てに踏み切る前の和解交渉や調停が促進されるという効果を期待することができる。

　しかし、準拠法条項をそれに合わせて交差型にしてしまうと、仲裁申立てをいずれの当事者が行うかによって、準拠法が違うということになるので、仲裁申立てがあるまでは準拠法は定まっていないことになる。そうすると、契約は果たして成立しているのか、契約不履行が発生しているのかといった問題について、仲裁申立てまでは準拠法が決まらず、したがって、一義的な答えが得られないことになり、混乱が生ずることになります。準拠法条項と仲裁条項との役割を正しく理解していれば、交差型の準拠法条項はあり得ないことである。

　なお、準拠法条項について付言すると、当事者間で合意すれば準拠法を定めることができるということは、法の適用に関する通則法7条により、特に仲裁による解決の場合には仲裁法36条により定められている。もっとも、それはあくまで契約問題についてであり、会社の代表権には会社設立準拠法が、担保物権には担保目的物の所在地法（債権を目的とする場合にはその債権の準拠法）が適用される等、契約以外の問題については問題に応じて異なる準拠法が適用されることになります。また、代理店の保護規制とか、競争法（独禁法）等の公法上の問題も、準拠法条項では如何ともし難く、複数の国の公法の適用範囲に入っていれば、複数の国の公法の適用もあり得る。

　また、契約問題に限ってみても、安易に契約相手の国の法によることに合意してしまうと、契約書のチェックの段階から紛争の場面まで全ての局面で当該国の弁護士に相談しなければならなくなり、時間とコストがかかることにも注意が必要である。

「そのまま使えるモデル英文契約書シリーズ」のご案内

書名	版型	ISBN コード	本体価格
そのまま使えるモデル英文契約書シリーズ 委託販売契約書（CD-ROM 付）	B5 版	978-4-910250-00-7	¥2,000
そのまま使えるモデル英文契約書シリーズ 委託加工契約書（CD-ROM 付）	B5 版	978-4-910250-01-4	¥2,000
そのまま使えるモデル英文契約書シリーズ 購入基本契約書（CD-ROM 付）	B5 版	978-4-910250-02-1	¥2,000
そのまま使えるモデル英文契約書シリーズ OEM（委託者側）製品製造供給契約書【輸入用】 （CD-ROM 付）	B5 版	978-4-910250-03-8	¥2,000
そのまま使えるモデル英文契約書シリーズ OEM（製造者側）製品製造供給契約書【輸出用】 （CD-ROM 付）	B5 版	978-4-910250-04-5	¥2,000
そのまま使えるモデル英文契約書シリーズ 総代理店契約書【輸入用】（CD-ROM 付）	B5 版	978-4-910250-05-2	¥2,000
そのまま使えるモデル英文契約書シリーズ 総代理店契約書【輸出用】（CD-ROM 付）	B5 版	978-4-910250-06-9	¥2,000
そのまま使えるモデル英文契約書シリーズ 合弁契約書（CD-ROM 付）	B5 版	978-4-910250-07-6	¥2,000
そのまま使えるモデル英文契約書シリーズ 実施許諾契約書【許諾者用】（CD-ROM 付）	B5 版	978-4-910250-08-3	¥2,000
そのまま使えるモデル英文契約書シリーズ 秘密保持契約書・共同開発契約書（CD-ROM 付）	B5 版	978-4-910250-09-0	¥2,000
そのまま使えるモデル英文契約書シリーズ 技術ライセンス契約書【中国語版付】（CD-ROM 付）	B5 版	978-4-910250-10-6	¥2,000
そのまま使えるモデル英文契約書シリーズ 販売基本契約書（CD-ROM 付）	B5 版	978-4-910250-11-3	¥2,000